Wege zur Erleuchtung
zwischen
Selbsterkenntnis und Verblendung

Das Buch:

Bis zur Blütezeit der Aufklärung im 18. Jahrhundert war die Kirche die geistig allein bestimmende Instanz und für alle Erkenntnisse richtungsweisend. In der Mitte des 19. Jahrhunderts wurde der Bereich des Glaubens und die damit verbundene Form einer Selbsterkenntnis von der Etablierung der neuen Wissenschaft abgelöst. Diese neue Wissenschaft von der „Psyche" nannte man Psychologie, wobei schon der Begriff reiner „Etikettenschwindel" ist, denn Psychologie als „Lehre von der Seele" hat gar nichts mehr mit der Seele im Glauben zu tun:„Mit dem Aufkommen der Psychologie wurde die Seele endgültig aus dem Bewusstsein der Menschen vertrieben" (Edith Stein). Ziel dieser Schrift ist es, Begriffe wie Seele, Selbsterkenntnis und Spiritualität wieder bewusst in einen entsprechenden Kontext zu stellen und einem wirklichen Begreifen zugänglich zu machen. Kontext bedeutet dabei, dass man sich zuerst das Prinzip der Dualität in der gesamten Schöpfung vergegenwärtigen muss, ohne das ein wirkliches Verstehen überhaupt nicht möglich ist. Es geht um die unauflösliche Spannung zwischen Leib und Seele. Dieses Buch gibt durch die Beschreibung der verschiedenen Formen von Verblendungen eine Hilfestellung zur wahren Selbsterkenntnis. Denn nur über den Weg der bedingungslosen Selbsterkenntnis ist eine Überwindung der Dualität bis hin zur Erleuchtung möglich.

Das Buch soll den Leser anregen, über dieses für die Zukunft wichtige Thema nachzudenken. Fragen/Anregungen sind unter **anonymos-telepathie@web.de** erwünscht.

Der Autor:

Prof. Dr. Werner Smigelski, geb. 1929 in Leipzig ist emeritierter Hochschulprofessor. Vor über 30 Jahren wandte er sich auf innere Eingebung der Mystik zu und lebt seitdem zurückgezogen in der Eifel. Er empfängt seitdem spirituelle Durchsagen und ist ein detaillierter Kenner der mystischen Überlieferungen aller Weltreligionen. Die zentrale Botschaft in seinen Werken ist eine Zusammenschau wichtiger spiritueller Texte zum Inneren Weg, die im Kern aller Überlieferungen offenbar werdende und im göttlichen Geheimnis selbst begründete wesentliche Einheit aller Religion. Die Erschließung dieser bisher eher fragmentarisch nebeneinander stehenden Überlieferungen für eine heute – im Zuge einer spirituellen „Globalisierung" – anstehende religiöse Neubesinnung ist das Anliegen seiner Schriften, die allen denen gewidmet sind, die einen tieferen Einblick in den großen Sinnzusammenhang der Menschheit als Teil des Universums suchen.

Vom gleichen Autor sind erschienen unter dem Pseudonym Anonymos
„Telepathie – Kommunikation der Zukunft" ISBN 3-8334-3158-X
„Der Traum des Jakob" ISBN 3-86548-488-3

Wege zur Erleuchtung
zwischen
Selbsterkenntnis und Verblendung

Werner Smigelski
(Durchsagen von ANONYMOS)

1. Auflage 2007 © Dr. Werner Smigelski

Alle Rechte liegen beim Autor
Herstellung und Verlag: Books on Demand GmbH, Norderstedt

ISBN 978-3-8334-6984-8

Buchgestaltung:
tastdesign, Düsseldorf, www.tastdesign.de
Umschlagbild: Rembrandt, „Faust"-Radierung

Bibliografische Information Der Deutschen Bibliothek:
Die Deutsche Bibliothek verzeichnet diese Publikation in der Deutschen
Nationalenbibliografie; detaillierte bibliografische Daten sind im Internet
über <http://dnb.ddb.de> abrufbar.

INHALT

VORWORT

In der unvorstellbaren unendlichen Ewigkeit ist das irdische Leben nur ein zeitlich begrenzter, der Menschheit aber voll bewusster Ausschnitt in der permanenten universalen Bewegung der Schöpfung. Der Schöpfer des Universums hat sich im Menschen ein Geschöpf erschaffen, über das er sich selbst – in seiner Schöpfung – erkennen kann. „Fecisti nos ad te et cor nostrum inquietum est usque ad requiescat in te"[1]. Gott ist die Liebe, und diese erschafft sich die Schöpfung als Liebespartner, ohne den die Liebe ins Leere laufen würde. Der Mensch als das Geschöpf, das Gott erkennen kann, soll diese Liebe mit Hilfe des Hl. Geistes wieder zurückspiegeln, um den ewigen Kreislauf der Liebe zu ermöglichen und zu vollenden. Nur darin allein ist die „Ebenbildlichkeit" des Menschen mit Gott zu verstehen.

Im zeitlich begrenzten Bewusstsein des Menschen erahnt dieser sein Dasein als ein in das Geheimnis des Universums Hineingestelltes. Die menschliche Bewusstseinsentwicklung hat nun im zeitlichen Verlauf eine große Wandlung erfahren, die der Menschheit über das Geheimnis ihres Daseins im Universum immer neue Aspekte des Verstehens eröffnete. Heute ist diese Entwicklung wieder an einem entscheidenden Punkt angelangt, der eine völlig neue Sicht ermöglicht und notwendig macht. Es ist das Erkennen höherer Bewusstseinsdimensionen, die weit über alle bisherigen begrenzten dreidimensionalen Raumvorstellungen im Kosmos hinausgehen. Die Menschheit hat begriffen, dass sie selbst nur ein winziger Ausschnitt der geheimnisvollen Bewegung des Lebens ist, obwohl die Wissenschaft noch immer die Lösung dieses Problems systemimmanent im Kosmos

---

[1] „...du hast uns für dich gemacht, und unser Herz ist unruhig, bis es wieder ruht in Dir." (Augustinus, „Bekenntnisse")

selbst zu finden hofft. Zwar haben religiöse Offenbarungen über jenseitige Welten die Menschheit immer schon begleitet, und seit jeher erhielten die Menschen darüber Erkenntnisse von einer jenseitigen Welt, die jedoch durch die Stärke und reale Bedeutsamkeit des diesseitigen, wahrnehmenden Bewusstseins immer überdeckt wurden, so dass sie in nicht beweisbare Bereiche wie des Glaubens, der Illusionen, der Träume oder des paranormalen Unerklärbaren verschoben und verdrängt wurden.

DER MENSCH –
„ACH, ZWEI SEELEN SIND IN MEINER BRUST..."

Im Menschen sind Leib und Seele vereint. Der physisch-biologische Leib ist die sinnenhaft wahrnehmbare materielle Erscheinung. Der physische Körper ist der zeitlich begrenzte und sterbliche Funktionsbereich eines organischen Stoffwechsels und der biologische Träger der gesamten Vitalität. Mit diesem physischen Körper eng verbunden ist der ihn umhüllende Ätherkörper. Er stellt einerseits die menschliche Bewusstheit dar und ist andererseits der Funktionsbereich der Seele. Der Empfang aller feinstofflichen Lebensenergie, welche dem universellen Leben entspringt, erfolgt über den Ätherkörper. Allein die Seele ist im Menschen (wie in allen Geschöpfen) das wahre Leben. Es äußert sich im Menschen als der Wechsel von Gefühlen und Stimmungen, Erregungen und Leidenschaften, als der Drang der Triebe und Strebungen, der Ablauf von Entscheidungen und Handlungen, als das Spiel von Vorstellungen und Gedanken, mit denen wir die Weiten von Raum und Zeit umgreifen. Allein das ist es, worin sich unser auf die Welt entworfenes Dasein entfaltet und erfüllt, denn das Leben ist das umgreifende Ganze, in das alles Seelische mit seiner Mannigfaltigkeit eingebettet ist.

Über sein Bewusstsein erfasst der Mensch sein Leben in zwei Richtungen: Einmal in der Richtung der äußeren Welterfahrung und zum anderen in der Richtung eines Sinnerfassens oder eines Weltinnewerdens. Wir sprechen von zwei Bewusstseinsrichtungen: einer horizontalen und einer vertikalen. Das gesamte Bewusstseinsgeschehen spielt sich also in einem Koordinatenkreuz ab, in dem die Horizontale die Welt der Vielheit repräsentiert, in die sich die gesamte Schöpfung ergießt, und die Vertikale dagegen die Verbindung zur göttlichen Herkunft bedeutet, jene Religio oder Rückbesinnung auf den Ursprung des göttlichen Zentrums, aus dem die Schöpfung heraustrat. Nur über die Vertikale ist wieder eine Rückkehr aus der Vielheit der Bilderwelt in die Einheit des Zentrums der Liebe möglich. Auf der Horizontalen dagegen ergibt sich in der Vielheit der Welt eine zwar scheinbare, aber immer größere Trennung von Schöpfung und Schöpfer – oder anders ausgedrückt: zwischen individuellem Ich und Gott. Auf der Vertikalen gibt es eine solche Trennung nicht, denn die Liebe ist das alles Verbindende, das durch alle Welten bis in die Ichbewusstseinssphäre fließt und den Menschen über seine Seele belebt.

So steht der Mensch immer im Schnittpunkt eines Koordinatenkreuzes, welches das Kreuz der Schöpfung ist, das in der Liebe und im Leiden das menschliche Leben ergibt. Der Sinn des menschlichen Seins ist es, dieses Kreuz in Ewigkeit wieder über die Liebe *aufzulösen*. Denn nur der Mensch hat dafür die Voraussetzungen im erkennenden Bewusstsein und in seiner Seele, von der er die Impulse für die Rückkehr ins einheitliche Zentrum erhält. Die Horizontale als Schöpfung symbolisiert die empfangende „Finsternis" aller noch nicht belebten und herausgestellten Ideen (*„Und der Geist schwebte über den Wassern"*), während die Vertikale das Licht symbolisiert, den Geist, der alle Ideen erst erweckt und das Erkennen des unendlichen und ewigen Allzusammenhangs der Schöpfung ermöglicht. Der Geist ist reine Energie und entspringt aus dem göttlichen Zentrum, dem universellen Geist Gottes selbst. Dieser bewegt die Seele, während sie alle Energien auf die Dimension des Kosmos herab transformiert. Die Seele lässt aus der reinen Energie, die lediglich Potentialität darstellt, gerichtete Energie entstehen, damit diese auf den verschiedenen Daseinsebenen für die Lebensvollzüge zur Verfügung steht, die sich dann wiederum als zeitbedingte endliche Prozesse auf der materiellen Horizontalen abspielen. Zwei Aspekte sind es also, die bedacht werden müssen: zum einen die horizontale Bezogenheit im Sinne einer wechselseitigen Verflochtenheit von Mensch und Seele und zum anderen der vertikale Aspekt, über den der Geist das Erkennen ermöglicht, nämlich das Leben selbst als ein vollkommenes Ganzes zu erfassen. Diese beiden Aspekte bestimmen also unser Leben.

Dabei ist die Welt der Horizont für das erlebende Bemerken und intelligibel wirkende Verhalten. Die Leistung des denkenden Erfassens besteht darin, die Wirklichkeit des Seins ins Bewusstsein zu bringen, und zwar als ein überschaubares, geordnetes Feld von Gegenständen, Sachverhalten und Sinngehalten, welche die Welt im menschlichen Verstehen ausmachen. Medium des Denkens ist dabei die Sprache als „laut gewordenes Denken" (Platon). „Im Anfang war das Wort..." – dieses Wort bringt zum Ausdruck, dass im Wort und durch das Wort sich die Schöpfung und der Schöpfer offenbaren. Die Welt ist der ausgesprochene Gedanke Gottes. Über die Weltorientierung hinaus haben die Menschen noch die Möglichkeit des Weltinnewerdens und des Erschließens eines Innenbereiches in sich selbst. Im Weltinnewerden begegnet uns das Sein als das Hier und Jetzt mit demselben Gewicht der Wirklichkeit wie im äußerlichen sinnlichen Bemerken der Wahrnehmungen und des gefühlsmäßigen Erlebens.

Bewusstseinsentwicklung nach Gebser [2]

Wahrnehmung und Erleben aller Erscheinungen dieser Welt unterliegen dem Wandel und der Entwicklung des Bewusstseins. Das menschliche Bewusstsein hat nicht nur im Laufe der überschaubaren historischen Zeiträume, sondern auch in den prähistorischen Entwicklungsphasen große Wandlungen erlebt. Jean Gebser teilt in seinem groß angelegten Entwurf „Ursprung und Gegenwart" die Evolution des menschlichen Bewusstseins in fünf Stadien ein: archaische, magische, mythische, mentale und schließlich integrale Bewusstseinsstufe. Dabei integriert die jeweils folgende Epoche die erreichte Bewusstheit der vorherigen Strukturen, indem sie diese mit dem neu erreichten Bewusstseinsstand verwandelnd wirksam macht. Von der anfänglichen eindimensionalen Wahrnehmung eines rein sinnenhaften Bemerkens des Frühmenschen bis zur heutigen dreidimensionalen Fürwahrnehmung erlebt der Mensch diesen sich ständig wandelnden Wahrnehmungsprozess in der „horizontalen" Ausrichtung der Zeitlichkeit. Höhepunkt dieser gesamten Entwicklung ist dabei die Herausbildung eines individuellen Ichbewusstseins. Dieses tastet von da an das Sein ab und in seiner fast völligen Identifizierung mit den Bildern der Welt fühlt es sich diesem Horizontalprozess, in dem es sich immer nur selbst erfährt, unterworfen. Insofern kann man Ichbewusstsein generell auch **Horizontalbewusstsein** nennen.

Kernthema Gebsers ist die zunehmende Herauslösung des Individuums und seines Bewusstseins aus der Einheit des Seins im Laufe des Evolutionsprozesses. War der Mensch der archaischen Bewusstseinsstufe noch Eins mit dem All und konnte in symbiotischer Verbundenheit mit der Natur koexistieren, so haben Herauslösung und Trennung in der mentalen Stufe einen Kulminationspunkt erreicht. Das in seiner Egozentrik im Dualismus gefangene, einsame, abgespaltene, narzisstische Ich wird sich selbst und der globalen Menschheit zunehmend zum Problem. Aber erst mit dem integralen Bewusstsein ergibt sich für den Menschen wieder die Möglichkeit, diese verschiedenen Polaritäten von Denken und Intuition, Real- und Traumbewusstsein, Wissen und Glauben zu vereinen.

Die letzte bereits seit ca. 2500 Jahren andauernde mentale Bewusstseinsphase ist seit der Renaissance (ca. 16. Jhdt.) in ihre defizitäre Endphase eingetreten. In der Gegenwart befindet sich darum die Menschheit wiederum in einer Übergangsphase zu einer neuen

---

[2] Jean Gebser, „Ursprung und Gegenwart"

Bewusstseinsstruktur, die Gebser als integrale bezeichnet. Darunter versteht er ein Bewusstsein, das transpersonal über das Ich hinausweist im Sinne einer neuen Transparenz der Wahrnehmungsmöglichkeiten: Diaphanität (Durchsichtigkeit) auf ein Erscheinendes im Innern. Andere Bezeichnungen für dieses neue Bewusstsein sind supramentales, kosmisches, spirituelles oder vertikales Bewusstsein. Alle diese Begriffe meinen das Gleiche, aber man kann über diese zukünftige Entwicklung noch keine verbindlichen Aussagen machen. Wir können die neuen Möglichkeiten nur ansatzweise erahnen, weil sich die Veränderungen bereits immer deutlicher bemerkbar machen. Damit ist heute das „adamitische Bewusstsein" an den Endpunkt der für dieses Äon vorgesehenen Entwicklung angelangt.

Parallel zur menschlichen Bewusstseinsentwicklung veränderten sich auch die körperlichen Bedingungen und Voraussetzungen. Wie bereits erwähnt, besitzt der Mensch neben seinem biologisch-physiologischen Körper – diesen umhüllend und mit ihm eng verbunden – einen feinstofflichen Körper: Das ist der Ätherkörper (Bewusstseinsträger).

Der Ätherkörper nach Alice Bailey

„Die Allgegenwart Gottes hat ihre Grundlage in der Substanz des Universums, dem ÄTHER. Das ist ein Sammelbegriff, der den Ozean von Energien umfasst, die alle miteinander in Wechselbeziehungen stehen. Das Integral einer jeden Form im Universum ist der ÄTHERKÖRPER. Das gilt auch für den Menschen als Geschöpf; denn durch den Ätherkörper ist der Mensch mit jedem anderen Wesen des göttlichen Lebens verbunden. Die Funktion des Ätherkörpers besteht darin, Energieimpulse aufzunehmen, die das Leben sind; denn der Ätherkörper ist nichts anderes als Energie. Diese Energie geht von einer zentralen Stelle als universales Denken aus." [3]

Der physische Körper, der aus Zellen besteht, wird durch die Energien, aus denen der Ätherkörper besteht, zusammengehalten und ist dessen Ausdrucksform. Diesem ätherischen Energienetz entspricht im physischen Körper das Nervensystem und dessen mannigfaltig ineinander greifende Leitorgane. Es ist das analoge materielle Übertragungsnetz von Energien und Kräften und somit die physiologische Erscheinungsform des feinstofflichen energetischen Geflechtes. Vom **Nervensystem** aus werden alle Energien an das endokrine Drüsensystem weitergeleitet. Da sich im Laufe eines Lebens auch der Ätherkörper verändert, um auf immer höhere Energien anzusprechen, erfolgen dem entsprechend auch im physischen Körper Veränderungen.

Zusammenfassend kann man das System wie folgt aufgliedern:

1. „**Der grob-physische Körper**" ist die Gesamtsumme aller Zellen und Organismen, aus denen er besteht und ist der „Reaktionsapparat" des innewohnenden feinstofflichen Ätherkörpers, der dazu dient, den Menschen mit den Energien des übergeordneten Lebensträgers, in dem wir leben und weben, in Verbindung zu bringen.

2. „**Der Ätherkörper**" hat vor allem die Funktion, den physischen Körper über die Seele zu beleben und zu aktivieren und ihn dadurch in die Urenergie des Universums einzugliedern. Er ist also ein Gewebe von Lichtenergien und Kraftströmen und ein Teil jenes riesigen Energienetzes, das die Grundlage für alle makrokosmischen und mikrokosmischen Formen bildet. Entlang dieser Energiefäden strömen die kosmischen Kräfte, genauso wie das Blut durch die Arterien und Venen fließt. Dieser permanente Kreislauf ist die Grundlage für alles manifestierte Leben und zugleich der Ausdruck für den im innersten Wesen bestehenden, untrennbaren Zusammenhang allen Lebens.

3. Neben dieser Grundfunktion des Ätherkörpers als Lebensträger haben sich im Laufe der Entwicklung der Menschheit in ihm noch zwei weitere ätherische Funktionsbereiche herausgebildet: **Ein emotionaler und ein mentaler Funktionsbereich**. Beide dienen innerhalb der Bewusstseinsentwicklung der Differenzierung aller menschli-

[3] Alice Bailey, „Der Ätherleib"

chen Gefühlsreaktionen und des Denkens. Der emotionale Funktionsbereich – in der esoterischen Literatur auch „Astral- oder Begierdekörper" genannt – entspricht im Modell von Philipp Lersch[4] dem *endothymen Grund*. Im Laufe der menschlichen Entwicklung differenzierte sich dieser Funktionsbereich durch das wechselseitige Einwirken von Begierde und Gefühlsreaktionen auf die Seele, deren Wirkung dann im Körper als Gefühlsregungen wie Schmerz oder Lust erfahren wird. Der mentale Funktionsbereich, auch „Mentalkörper" genannt, betrifft den Bewusstseinsbereich des Denkens und des Weltinnewerdens und bildet das wichtigste Instrument, das der Seele zur Verfügung steht, den Sinn des Seins zu erkennen. Diesen Bereich nennt Lersch den *kortikalen Oberbau*. Alle diese genannten Bereiche bilden einen einheitlichen Mechanismus. Innerhalb der historischen Menschheitsentwicklung kann man auch die Entfaltung des Ätherkörpers in zwei zeitliche Abschnitte untergliedern, die man noch heute in der gesamten Menschheit und deren unterschiedlichen Bewusstseinsstufen erkennen und beobachten kann:

Im ersten Stadium der Menschheit begann die ätherische Energie die durch die reagenzfähigen Zentren (Chakren) strömte und dadurch die endokrinen Drüsen aktualisierte, allmählich auch eine bestimmte Wirkung auf den Blutstrom auszuüben. Eine sehr lange Zeit hindurch wirkte diese Energie allein durch dieses Mittel. Das gilt zwar auch heute noch, denn der Lebensaspekt der Energie beseelt das Blut mit Hilfe der Zentren und ihrer Wirkfaktoren, der Drüsen. Daher auch das Bibelwort: *„Das Blut ist das Leben."* Dies ist die älteste Funktion der ätherischen Energie über den Ätherkörper bereits in der ganz frühen Menschheit (archaische Epoche). Erst im weiteren Verlauf der menschlichen Entwicklung, fanden mit wachsendem Bewusstsein auch im Ätherkörper Erweiterungen statt: Die Zentren (Chakren) begannen ihre Wirksamkeit auszudehnen und so auf das gesamte Nervensystem einzuwirken. Dadurch erfolgte ein immer bewussterer Bezug vor

[4] Philipp Lersch, „Aufbau der Person"

allem zum gesamten emotionalen Bereich. In den folgenden Epochen der magischen und mythologischen Bewusstseinsentwicklung führte das die Menschen zu einer immer bewussteren und planvolleren Tätigkeit, vor allem aber zu einer stetigen Ausdifferenzierung aller gefühlsmäßigen und mentalen Funktionen. Mit der vollen Aktualisierung des „Mentalkörpers" endlich, vor ca. 3.000 Jahren, schufen die einströmenden Energien über den Ätherkörper die letzte Bewusstseinsmutation in der Menschheitsentwicklung: die mentale Phase. Heute steht, wie bereits erwähnt, die Menschheit wieder vor einem totalen Bewusstseinswandel genau wie vor ca. 12.000 Jahren, um sich in einem nächsten Äon erneut einer Transparenz für höhere Frequenzen und damit dem integralen oder supramentalen Bewusstsein zu öffnen.

DAS FADENKREUZ:
VERTIKALE UND HORIZONTALE –
GLAUBEN UND DENKEN

„Was ich weiß, glaube ich nicht – was ich glaube, weiß ich nicht."
(Thomas von Aquin)

Agens movens (Bewegungsimpuls, Antrieb) in der Zeitlichkeit sind die im Fadenkreuz von horizontalem und vertikalem Bewusstsein sich ergebenden Spannungen, die sich aus deren beider absolut unmöglicher Deckungsgleichheit, jener „Quadratur des Kreises", ergeben. Da der Mensch ein Doppelwesen aus „Materie und Geist" ist, ein Kentaur, er also ein horizontales und ein vertikales Bewusstsein besitzt, handelt es sich bei den Ursachen jener Spannungen einmal um jene unauflösliche materielle Verbundenheit, die im animalischen Trieb gründet und jene nie erfüllbare, unersättliche Begehrlichkeit erzeugt, von der Nietzsche sagt: *„...denn alle Lust will Ewigkeit"*; und zum anderen um die in dieser Dimension begrenzte Erkenntnismöglichkeit, die es nicht möglich macht, diese Triebverhaftung völlig aufzulösen. Es ist das Geheimnis des Lebens und der Grund für die Unwissenheit der Menschen (*„Denn sie wissen nicht, was sie tun")*. Beide Spannungsursachen erzeugen im extremen Fall entweder eine unstillbare Sehnsucht nach Erlösung oder ein resigniertes Versinken in Hoffnungslosigkeit.

Beide Bewusstseinsausrichtungen, die Horizontale und die Vertikale, ergeben in ihren vielschichtigen Überschneidungen den individuellen **Eigenraum** eines Menschen, über den auch alle Vernetzungen und Kommunikationen zu anderen Menschen hergestellt werden. Einerseits bieten diese Überschneidungen für den Entwicklungsprozess der Menschheit die notwendigen Reibungen und Spannungen, andererseits ermöglichen sie jedem Menschen, sich seines eigenen Ichs über die Selbsterkenntnis bewusst zu werden. Denn *„jeder Mensch ist der Spiegel für den anderen, um sich selbst erkennen zu können"* (Katharina von Siena). So bestimmt das Zusammenspiel von horizontaler und vertikaler Bewusstseinsausrichtung den größtmöglichen geistigen und materiellen Bewegungsradius des Ich, der auf der Horizontalen alle Strebungen des Ich umfasst und auf der Vertikalen die Verbindung zur Seele und zur Transzendenz ermöglicht.

„Die beiden Energien, die sich im Menschen begegnen, sind die beiden Aspekte in der Schöpfung, denn diese manifestiert sich ihrem Wesen nach als Dualität. Sie offenbart sich als Wille und Liebe, und wenn diese beiden Energien mit dem Geist, dem dritten Aspekt der Gottnatur, in Verbindung gebracht worden sind, erschaffen sie die Seele und die dinghafte manifestierte Welt. Wenn die Seele sich als Bewusstsein und Leben im Menschen verankert hat, ist damit die Grundlage für die evolutionäre Entwicklung geschaffen." (Alice Bailey)

Obwohl nun dieser individuelle Eigenraum des Ich ein fließender ist, kann sich dieser doch immer nur bis an die in einer Bewusstseinsdimension gesetzten Grenzen zum eigenen Innenraum ausdehnen. Diese mögliche Ausdehnung wiederum bestimmt dann den individuell erreichten Standort auf der **Vertikalen**. Überschreitungen darüber hinaus zum Innenraum sind nicht bewusst möglich und erfolgen lediglich im Traum, in Trance, bei Visionen oder Illuminationen, die nicht vom Wachbewusstsein initiiert und kontrolliert werden und erst nachträglich vom Wachbewusstsein registriert und eingeordnet werden können. Die Vertikaleinstrahlung stellt dabei den durchgehenden Zusammenhang bis hin zum geistigen Zentrum her, um die nächst höhere Bewusstseinsdimension zu erreichen. Das erfolgt allein über diese **vertikale Einstrahlung.** Über das Horizontalbewusstsein identifiziert sich also der Mensch lediglich mit den Bildern dieser Welt, wodurch gleichsam eine Art Mantel oder Mauer entsteht, die eine Transparenz auf den spirituellen Hintergrund erschwert und oft verhindert. Diese Mauern errichten sich die Menschen während des Lebens als Autoprotektion und Schutz vor der Wahrheit, wobei eine solche scheinbare Schutzmauer in Wirklichkeit zum Gefängnis wird und unfrei macht. Diese Mauer ist mehr oder weniger dicht, was wiederum den Grad einer individuellen Durchlässigkeit auf eine höhere geistige Sphäre hin bestimmt.

Im Leben haben nun alle einstrahlenden Vertikalfrequenzen immer einen das Ich lösenden und befreienden Charakter, und zwar im Sinne einer wachsenden integrierenden LIEBE, alle Strebungen der Horizontalfrequenzen sind dagegen immer das Ich bindende Kräfte im Sinne einer exklusiven Eigenliebe. Darum schließt auch eine völlige Identifikation mit dem eigenen Ich prinzipiell jede Liebe aus, denn alle damit verbundenen Motive verursachen immer nur rein prozesshafte und zeitbedingte Wirkungen, die in der Welt erlebt und genossen werden wollen. Um die eigentlichen und wahren Ursachen für unser Handeln zu erkennen, hilft nur eine schonungslose Selbsterkenntnis.

VERTIKALBEWUSSTSEIN	HORIZONTALBEWUSSTSEIN
Selbst	Ego
Sein	Dasein
Intuition	Illusion
Erkenntnis	Kenntnis
Innenbereich / Immanenz	Außenbereich / Existenz
Weltinnewerden	Wirkendes Verhalten
Empfang / Urphantasie	Senden, aktives Tun
Weisheit	Wissen
Meditation / Zustand	Prozess / Aktionen, Wille
Gewissen	Moral
Evidenz	Vorstellungen, Begriffe
Idee	Ideologien, Ideale
Inspiration	Konstruktion, Gestalten
Ganzheit/ erkennendes Verstehen	Analyse, Intelligibles Verstehen
Verstand	Intellekt
Selbsterkenntnis	Psychoanalyse / Verblendung
Wahrheit	Wirklichkeit
Transzendenz	Reale Diesseitigkeit

PSYCHOANALYSE UND SELBSTERKENNTNIS

Psychologie

Bis zur Zeit der Aufklärung war die Kirche die geistig allein bestimmende Instanz und somit für alle Erkenntnisse richtungsweisend. In der Mitte des 19. Jhdts. wurde der Bereich des Glaubens und der damit verbundenen Form einer Selbsterkenntnis von der Etablierung der neuen Wissenschaft „Psychologie" abgelöst. Die bisher im religiösen Kontext beschriebene Bedeutung der Seele als bestimmende Komponente im Leben des Menschen erfährt jetzt eine Reduzierung auf mehr oder weniger menschliche Gefühlsreaktionen und Verhaltensweisen. Die Seele als orientierender Kompass verschwindet allmählich und endgültig aus dem Bewusstsein der Menschen. Parallel zum beginnenden materialistischen Denken erfährt das Ich als Individualität eine totale Überbewertung, die bis hin zur Vergötzung führt. Die Individualität rückt in den zentralen Blickpunkt aller Betrachtungen und damit zugleich auch ein riesiges Konfliktpotenzial im Leben eines jeden Menschen. Ohne Möglichkeit einer Rückbesinnung auf die Seele als eine göttliche Instanz zerbricht der Mensch an den Anforderungen einer nur noch materiell bestimmten Welt, und jegliches Streben nach einer Sinnfindung ist so zum Scheitern verurteilt. Der Marxismus und alle materialistischen Ideologien gaben die Richtung an und eliminierten die Seele aus dem Bewusstsein der Menschen.

Diese neue Wissenschaft von der „Psyche" nannte man Psychologie, wobei schon der Begriff reiner „Etikettenschwindel" ist, denn Psychologie als „Lehre von der Seele" hat gar nichts mehr mit der Seele (Psyche) zu tun: *„Mit dem aufkommen der Psychologie wurde die Seele endgültig aus dem Bewusstsein der Menschen vertrieben"* (Edith Stein). Ziel dieser Psychologie war es von Anfang an, den Menschen Ersatzangebote für die Misere der alltäglichen Bedrohungen anzubieten, da sie von da an keinen Trost mehr über die Religion bekommen konnten, denn die Verbindung zur eigenen Seele war gewaltsam ausgelöscht worden. Die Psychologie gab stattdessen vor, den Menschen über eine Stärkung des Ichbewusstseins wieder zum Glück verhelfen zu können, indem man sie von ihren eingebildeten oder tatsächlichen Konflikten im Trubel der Welt zu befreien versprach. Dieses ominöse Bestreben ist bis heute in der praktizierenden Psychologie noch immer das Gleiche geblieben, angefangen von den ersten Ansätzen bei Freud, Jung und Adler, ja selbst bis hin zu einer transpersonalen Psychologie. Die Praxis ist letztlich mehr oder weniger im Strukturbegriff von Freud stecken geblieben, und die Analyse versucht nach wie vor, Phänomene als Ergebnisse von Konflikten zu interpretieren, anstatt deren Ursachen zu erforschen. Man manipuliert und korrigiert an den sichtbaren Auswirkungen und Folgen herum, weil es immer nur darum geht, das Ich aufzuwerten und für den weiteren Lebenskampf wieder fit zu machen, sowie alle Fehlleistungen und Verunsicherungen durch ein scheinbares Aufdecken zu kompensieren, zu korrigieren und zu kaschieren.[5]

Schließlich bleibt den Menschen nach ihrem Einsichtsvermögen und ihren Verblendungen auch oft gar nichts anderes übrig, als sich im Existenzkampf vor den Bedrohungen, Gefahren und Ängsten im Leben zu wehren und zu schützen. Gerade diese Bemühungen um Unversehrtheit und Stabilisierung des Ich, also alle jene Abwehrmechanismen sind es, die oft bis ins Extreme gesteigert werden und damit zum einzig Zerstörerischen im Leben werden. Denn jene scheinbaren „Schutzmauern", jene Autoprotektionen, die sich das Ich aufbaut, sind das Gefängnis, in dem das Ich steckt, und die Ursache für alle Leiden. Natürlich besteht die Furcht zu Recht, sich dem Leben ungeschützt zu öffnen und dabei Gefahr zu laufen, selbst zum Opfer zu werden. Aber genau dieses Risiko muss man eingehen, um sich

[5] siehe Anhang

von seinen Autoprotektionen zu lösen und dann darüber den eigentlichen Sinn im Leben zu erkennen.

Leider sucht der Mensch immer nach dem, von dem er glaubt, es sei gut für ihn, selbst wenn er im seinem tiefsten Inneren weiß und es sich herausstellt, dass er eine falsche Entscheidung getroffen hat. So werden die Menschen immer durch die Verfolgung ihrer Wünsche auf den falschen Weg geleitet, anstatt zu erkennen, was wirklich notwendig ist. Man jagt oberflächlichen Werten nach, die letztlich nie befriedigen können und doch nur Leiden verursachen. Auf der Suche nach dem eigentlich Sinn des Lebens ist der Mensch in der schwierigen Lage, nach dem zu suchen, was für seine Seele gut wäre, ohne jedoch davon eine klare Vorstellung zu haben, was es sein könnte. Erst nachdem sich ein Mensch selbst überwunden hat, erfährt er über die Transparenz die dahinter liegende Wahrheit. Alle Menschen wollen im Leben glücklich sein, leider unter falschen Vorstellungen, denn die Suche nach dem Glück bringt genau das hervor, was die Menschen am meisten fürchten: ein permanentes Scheitern. Ich-hafte Anmaßung führt den Menschen in ein Labyrinth falscher Götter. Denn jeder Mensch trägt den Hang zur Selbsttäuschung in sich, die ihn unvermeidlich vom Weg einer wirklichen Erfüllung abbringt und in die Verblendung führt. Allein *„das Leiden ist das schnellste Pferd zur Erkenntnis"* (Meister Eckehard). Denn nur über die Erkenntnis, die einzig und allein eine Transparenz des Ich für die im Menschen wirkende Seele ermöglicht, entgeht er der unerbittlichen Entwicklung eines totalen Scheiterns. „Wir können das Leben nur behalten, wenn wir bereit sind, es aufzugeben" (vgl. NT). Gemeint ist damit, alle unseligen Verhaftungen an die Welt der Bilder und Wünsche loszulassen. Denn der Mensch ist für jede seiner Entscheidungen in der Horizontalwelt verantwortlich und muss dafür die Folgen tragen. Der erste Schritt in die richtige Richtung ist darum eine bedingungslose Selbsterkenntnis.

Selbsterkenntnis

Nur über die Selbsterkenntnis kann der Mensch sich selbst überwinden, wobei die Überwindung kein aktives Bemühen ist, sondern im Loslassen besteht. Loslassen bedeutet, alle egoistischen Motive erkennen und diese nicht mehr als Ursache für das Handeln zulassen. Darum löst echte Selbsterkenntnis Ängste aus; denn der unbekannte Innenbereich unseres Egos hat etwas Befremdliches und stört unsere Selbstzufriedenheit, weil unser Gewissen wachgerüttelt wird. Das verunsichert den Menschen, weil es seinen eingespielten Gewohnheiten im Außen widerspricht und seiner bisherigen liebgewordenen Identität zuwiderläuft. Jedoch in letzter Konsequenz müssen wir bereit sein, alle diese Gewohnheiten aufzugeben, um für ein höheres Unbekanntes Platz zu schaffen, von dem Paulus sagt: *„Der alte Adam muss sterben."* Darum fürchten viele Menschen den Weg der Selbsterkenntnis und schrecken davor zurück. Den Weg der Psychoanalyse dagegen fürchtet niemand. Sie ist längst zum Gesellschaftsspiel heruntergekommen – man *„nimmt sich"* eine Analyse –, weil es so bequem ist, seine Sünden auf andere zu projizieren, was einem selbst nicht wehtut. Aber in Wirklichkeit geht es im Leben um eine konsequente Selbsterkenntnis und nicht um verblendete Psychoanalyse. Ziel menschlichen Strebens muss darum die Erkenntnis der Wahrheit sein, und zwar der Wahrheit über sich selbst und der Wahrheit als Sinn an sich. Jede Erkenntnis ist bitter, und Religion und Glaube sind dabei nicht Beschwichtigung von Illusionen und Scheinwelten. Nur wer unerbittlich alles, was wahr ist, aushalten kann, ist auf dem Weg zu Gott. Es gehört Mut zur Transparenz, und darauf müsste sich die Psychologie wieder besinnen, um weniger unehrlich zu handeln. Da die Psychologie jedoch leider den inneren wahren Führer, nämlich die Seele, völlig aus den Augen verloren hat, weicht sie allen Fragen nach den Ursachen und den sich dabei zwangsläufig auftuenden Abgründen geflissentlich aus und wagt erst gar nicht eine echte Auseinandersetzung damit. *„Arbeitet an eurer Erlösung mit Furcht und Zittern, denn Gott ist es, der in seiner Gnade beides bei euch bewirkt: Wollen und Vollbringen".* (hl. Paulus)

Bernhard von Clairvaux weist in seinem *„Weg der Liebe"* darauf hin, dass allein eine wirklich echte Selbsterkenntnis ans Ziel der Wahrheit führt. Es geht also nicht um psychotherapeutische Beschwichtigungen eines angeschlagenen Ich von Illusionen und Scheinwelten, sondern um nüchterne Selbsterkenntnis, weil diese in der Erkenntnis der eigenen Nichtigkeit endet, und das ist wahre Demut. Er beschreibt diesen bitteren Weg der Demut als einen Weg der Läuterung, *„auf dem man am Anfang nur Schmerzen, Zerknirschung und Reue als Nahrung findet, an dessen Ende man jedoch durch Liebe belohnt wird. Dafür muss man aber erst sein eigenes Herz erkennen und in Gehorsam dem Willen Gottes folgen, weil auch Christus für uns gelitten hat, indem er seinem Vater gehorsam gewesen ist, damit auch die Menschen ihm folgen und sich an das Vorbild seines Gehorsams halten".* Darum ist jede Selbsterkenntnis deprimierend, weil die Wahrheit so bitter ist, nämlich als Mensch endlich, unvollkommen und nur bruchstückhaft zu sein. *„Es ist aber die größte Liebe, diese Unvollkommenheit auszuhalten."* Diesen Weg der Liebe beschreibt Bernhard v. Clairvaux sehr nüchtern und realistisch in seiner praktischen geistlichen Lehre „Die 12 Stufen der Demut und des Hochmutes." Dabei führen allein die Stufen der Demut zum Ziel der Erkenntnis der Wahrheit, wobei sich der Mensch nur um die Demut bemühen kann, die Wahrheit ls Frucht wird ihm von Gott geschenkt. Für Bernhard v. Clairvaux ist die Demut die Kraft, mit der ein Mensch durch die grundlegende Erkenntnis seiner selbst sich in seinen Augen gering erachtet und das Loslassen aller hochmütigen Ichverhaftungen und Bedeutungssteigerungen seines Ich zum Gesetz für seinen Weg macht.

Die höchste Form der Liebe auf Erden ist das Erbarmen (mit anderen Menschen), dessen Grundvoraussetzung es ist, sich selbst seiner eigenen erbärmlichen Lage (Unvollkommenheit) bewusst zu werden: *„Denn du bist selbst erbärmlich und kannst darum nur darüber mit anderen Erbarmen haben. Selbsterkenntnis führt zur Milde mit anderen, denn keiner kann als Barmherziger angesehen werden, der nicht in sich selbst mild ist"* (Bernhard v. Clairvaux). Im Gegensatz zur Demut bezeichnet Bernhard v. C. den Hochmut als die Liebe zur eigenen Vorzüglichkeit.

Darum ist es der erste Schritt auf dem Weg der Läuterung, die Wurzelsünde des eigenen Hochmutes herauszufinden. Paulus sagt (Gal. 6, 3): *„Als ich die Wahrheit noch nicht kannte, glaubte ich, etwas zu sein, wo ich doch nichts war. Denn wenn sich jemand dünkt, er sei etwas, obwohl er doch nichts ist, so betrügt er sich selbst."* Auch Bonaventura beschreibt in seinem *„Soliloquium" (Alleingespräch, Selbstgespräch der Seele mit dem ICH)* den Weg zur Wahrheit und zeigt darin geistliche Übungen auf, die zur Selbsterkenntnis und Fühlungnahme mit der eigenen Seele führen. *„Die gottesfürchtige Seele soll nämlich durch diese geistlichen Übungen das Licht der Beschauung zunächst in ihr Inneres leuchten lassen, damit sie sieht, wie sie von Natur aus gestaltet ist, durch die Schuld der Sünden jedoch entstellt wurde und erst wieder durch die Gnade der Erleuchtung erneuert werden kann."*

Wenn man alle zeitlichen Irrtümer im Gedächtnis ausgemerzt, seinen Eigenwillen überwunden hat und jegliche Furcht gewichen sein wird, wächst man in die ganze Fülle Gottes hinein; denn dann wird Gott alles in allem sein. Und weiter sagt Bernhard v. Clairvaux: *„Viele wissen gar vieles, aber sich selbst erkennen sie nicht, andere durchschauen sie zwar, aber sich selbst übersehen sie, Gott suchen sie in äußeren Dingen und vernachlässigen dabei ihr Inneres, wo doch Gott zuinnerst selbst wohnt. Denn nur durch die Selbsterkenntnis gelangt man zur Kenntnis Gottes. Darum erkenne, was für ein Mensch du bist, und gib Acht, was mit dem Denken in dich eintritt und was im Gespräch aus dir hervorgeht."* – Jesus sprach ganz ähnlich: Nicht das, was wir über den Mund zu uns nehmen ist schlecht, sondern das, was aus unserem Mund herauskommt. – *„Rufe dir darum, du leidbeladene Seele, ständig deine großen Vergehen ins Gedächtnis und bedenke, um welchen Preis du deinen Adel verkauft hast und wofür du dein Antlitz so hässlich entstellt hast."* Bonaventura benennt auch den Grund, warum viele auf Erden mit Blindheit geschlagen sind: Weil sich die Menschen nur den vergänglichen Dingen zuwenden und darin stecken bleiben. *„Wie viele hat die verfluchte Wissenschaft der Welt entwurzelt und den inneren göttlichen Geist erstickt."* – Denn jedes hochmütige Wissen erwürgt das wahre Leben: *„Wer ohne Erkenntnis das Heil sucht, der ist krank und töricht* *und er müht sich im Leben vergebens ab. Ach wie erbärmlich ist doch jener, dessen Geist nur die zeitlichen Dinge mit seiner Eigenliebe umfängt.“*

In seiner transpersonalen Psychologie bringt Assagioli[6] dafür einen ersten Ansatz für eine Selbsterkenntnis, um auch in der Psychologie wieder diesen spirituellen Aspekt der Seele zu berücksichtigen und konstatiert ein spirituelles Bewusstsein als eine übergeordnete Realität. Diese Instanz ist nicht mit dem Über-Ich oder dem Unbewussten (Unterbewussten) zu verwechseln. Genau wie im Modell von Freud zwischen dem Ich und dem Unterbewussten ein ständiger Austausch oder eine Art Osmose besteht, so gibt es auch zwischen dem Ich und dem übergeordneten spirituellen Bewusstsein eine Infiltration, die zu spirituellen Erfahrungen führt. Alle diese Einströmungen schaffen zwischen der horizontalen Realität des Ich und der erscheinenden Transparenz Verwirrung und Zweifel. Dieses Missverhältnis hat seine Ursache in der einseitigen und oft verblendeten Objektbezogenheit in der realen Welt, die damit lediglich der rein diesseitigen Orientierung der Menschen gilt. Diese verhindert meist das Aufdecken und Erfahren der Innenwelten und lenkt von den Befürchtungen solcher Selbsterkenntnisse ab, weil das Ängste schürt, wenn man mit den Kräften des Selbst, jener höheren unbekannten Realität, in Berührung kommt. Dieses Hereinströmen höherer Bewusstseinselemente bezeichnet Assagioli als **Vertikale Telepathie.** Unsere horizontalen Denkgewohnheiten und Erfahrungen sträuben sich dagegen und werden oft zur Flucht vor diesen vertikalen Bewusstseinserweiterungen veranlasst. Denn der menschliche Intellekt zögert, die Existenz einer nicht rationalen Wirklichkeit zuzugeben und anzuerkennen. Die Wahrheit ist nun einmal supra-rational, und offenbart sich uns nur über dieses Einströmen, indem wir dadurch mit den inneren Welten in Berührung kommen. Wir erkennen mit einem Schlag das Paradoxon einer äußeren Wirklichkeit und einer inneren Wahrheit, die es beide

---

[6] Roberto Assagioli „Psychosynthese und transpersonale Entwicklung“

zur Deckung zu bringen gilt. Das Ich ist der verlorene Sohn, der in die Welt der materiellen Bilder hinabgestiegen ist und seine geistige Herkunft vergessen hat. Nur wer die Kraft besitzt, diese tiefsten Seelenanteile des Selbst ins Bewusstsein zu heben, ohne sich davon überwältigen zu lassen, dem gelingt die Wiedervereinigung dieser so gegensätzlichen Dualität.

Auch die von der Psychologie bisher erkannten und benannten Gesetzmäßigkeiten menschlichen Verhaltens ergeben nur dann einen Sinn, wenn zugleich mit ihrem Erkennen in einer Therapie eine heilende Veränderung über die Selbsterkenntnis erzielt wird. Gemeint ist damit: Nach einem Erkennen der Misslichkeiten, Schwächen oder Erkrankungen muss eine Veränderung initiiert werden. Diese bestand in den religiösen Erkenntnisbüchern bis ins 19. Jhdt. in den vier Schritten: Erkennen, Bekennen, Bereuen und Umkehr in Buße. Die Psychoanalyse begnügt sich allein mit der Aufdeckung oder mit der Feststellung von Störungen im Verhalten, versucht dann das Fehlverhalten analysierend zu beschreiben und es zu korrigieren, indem sie die wahren Ursachen im Dunkeln belässt, ohne die Motive und wahren Ursachen für ein „sündiges Tun" des Ich ins Licht zu rücken und so den wahren Kern des Übels zu benennen. Man scheut sich einfach, den Teufel beim Namen zu nennen und projiziert die Pseudoursachen für Störungen auf eine abstrakte Umwelt oder eine Vergangenheit. So versucht man horizontale Verhaltensstörungen lediglich mit Mitteln des äußeren Lebens wiederum mit horizontalen (gesellschaftlichen) Korrekturen, also mit den gleichen Maßnahmen, durch die sie entstanden sind, zu bekämpfen.

Selbsterkenntnis ist eine reflektierende innere Erkenntnis des Menschen, dass er nicht nur am praktisch äußerlichen Tun beteiligt ist, sondern tatsächlich auf Grund eines erfahrenden Fürwahrnehmens in das ewig währende Dasein verantwortlich eingebunden ist. Verstehen bedeutet dabei die Kraft, Abstand zu nehmen, sich von seiner durch Jahrtausende währenden Identifikation von seiner tradierten Prägung loszulösen. Wahres Verstehen bedingt die wachsende Fähigkeit, alle Wesen zu lieben und dennoch von persönlichen Bindungen frei zu bleiben. Verstehen bedeutet ferner Fühlungnahme der abgerundeten Persönlichkeit mit dem Leben und ergibt sich stets unmittelbar aus sich selbst heraus. Wo erst analytische Überlegungen für ein späteres Verstehen notwendig sind, handelt es sich nie um das intuitive Erkennen der inneren eigenen Wahrheit. Diese verstehende Form der Selbsterkenntnis ist jenes allumfassende Begreifen des Lebens, was wir mit Liebe bezeichnen und welches alle Theorie und alles, was Schranken baut, Kritik übt und Trennung hervorruft, verneint. Sie sieht keinen Unterschied und ist in allen Bewertungen gleich-gültig, und sie bewirkt in dem, der über seine Seele liebt, eine unmittelbare Identifizierung mit dem Gegenstand seiner Liebe. Nur über die Intuition lernt man die hintergründigen „Bedeutungen" zu ergründen und mit Ideen und Begriffen umzugehen. Dazu ist der Gebrauch des Denkvermögens zwar notwendig, um zu verstehen, zu erfassen und auszulegen, doch dazu gehört auch die Entfaltung jener feinen mentalen Sensitivität, die sich auf das einzuschalten vermag, was wir Universales Denken nennen, das Denken Gottes, des Urhebers des Planes.

Der Mangel an Spiritualität ist auch das grundlegende Problem der Erfahrungswissenschaft Psychologie, die im materialistischen 19. Jhdt als exakte Naturwissenschaft Anerkennung angestrebt hat, um gleichberechtigt mit diesen gewertet zu werden. Jenen Disziplinen, die nur das Maß verstandesmäßiger und beweisgeprüfter Urteile gelten lassen, wobei man in diesem Denken scharf zwischen Spiritualität und Realitätsbewusstsein unterschied. 100 Jahre benötigte die Psychologie, um von den exakten Wissenschaften wenigstens als Erfahrungswissenschaft anerkannt zu werden, und ist keineswegs bereit, diesen Bonus zu verspielen, um wieder in die Ecke einer ominösen Spiritualität gedrängt zu werden. Auch die kläglichen Annäherungsversuche einer Parapsychologie sind letztlich gescheitert. Hierin liegt auch der gravierende Unterschied zwischen einer echten Selbsterkenntnis und einer verfehlten Psychoanalyse.

Denn es geht bei der Selbsterkenntnis nicht wie bei der Psychoanalyse darum, dem empirischen Ich zu schmeicheln, es zu streicheln und zu stärken, sondern eine wesentliche Wahrheit unserer Seele auf den Punkt zu bringen. Die meisten Menschen machen in der horizontalen Wirklichkeit im Leben zwar immer das Richtige, aber leider meist aus den falschen Beweggründen und Motiven. Es geht bei der Selbsterkenntnis um jene innere Arbeit, die wahren Motive aufzudecken, was erst danach allen unseren Intentionen Echtheit verleihen kann. In der Analyse wird dagegen unsere Identifizierung mit unserem im Leben geprägten Ich verstärkt, um die Aufrechterhaltung unserer falschen Autoprotektionen zu erhalten. Während die Selbsterkenntnis helfen will, den Menschen von seinem falschen Selbstbild zu erlösen und ihn aus seinen Schutzmauern zu befreien, sperrt die Analyse den Menschen immer mehr in das im Laufe des Lebens geprägte Bild, das er von sich hat, ein. Und das ist **Verblendung,** die ihre Ursachen in allen Begabungen, Wünschen, Erfolgserwartungen und Hochmütigkeiten hat, mit denen man sich identifiziert und die man auf keinen Fall aufgeben will. Aber jede Begabung, auf die wir uns übermäßig fixieren, wird paradoxerweise zu einer Sünde.

Der Durchbruch zum ganz Anderen kann in der heute praktizierten Psychologie nicht gelingen, denn die Menschen werden in ihren Auseinandersetzungen im Leben durch die Analyse immer nur auf sich selbst gestoßen, anstatt zu Gott durchzustoßen. Und darum geht es bei der Selbsterkenntnis, und zwar nicht um Sündenbekenntnis, sondern darum, alles, was nur scheinbar gut ist, loszulassen, um das zu entdecken, was wirklich gut ist, und dabei alle partiellen Selbsttäuschungen zu enttarnen, die uns daran hindern, die Wahrheit über uns zu erfahren.

Zusammenfassung

1. Echte Selbsterkenntnis endet immer in absoluter Demut im Sinne einer Vernichtung aller Egomotive durch eine schonungslose Akzeptanz der eigenen Schwächen. *Erkenne dich selbst!* Die Folge des

Loslassens aller Egoverhaftungen ist zugleich ein Sich-Öffnen für das Einströmen Gottes über vertikale Telepathie. Es ist das Wahrnehmen und Erfahren eines irrealen Dahinter und Spirituellen, jene Wiederverbindung mit dem religiösen Urgrund. Es ist die Befreiung vom Eigenwillen, von allen Selbsttäuschungen und der Beginn und die Voraussetzung dafür, überhaupt zu lieben.

2. Ziel der Psychoanalyse ist genau das Gegenteil, nämlich die Stabilisierung des Ich durch Kompensation der Schwächen, um sich im Leben besser zu behaupten. Im Mittelpunkt steht nach wie vor einzig und allein das ICH, um es wieder in die Horizontalbedingungen zu integrieren. Man therapiert also mit den gleichen Mitteln, welche die Ursachen für die Störungen waren, und zwar mit den rationalen Mitteln gesellschaftlicher Regeln und Gesetze. Auf diese Weise treibt man den Teufel mit Belzebub aus.

URPHANTASIE

Selbsterkenntnis ist die Voraussetzung für das Einströmen „vertikaler Telepathie", die mit der Intuition und der Urphantasie gleichzusetzen ist. Dem Ich als Bezugspunkt des äußeren Erlebens steht die Intuition als Aspekt für das innere Erleben gegenüber. Die Intuition geht dabei weit über das äußere Erleben hinaus und beinhaltet alle spirituellen Erfahrungen, die von der modernen Psychologie gar nicht als solche verstanden werden. Für dieses spirituelle Erfassen ist die Urphantasie der zentrale seelische Faktor, über den jeder wahrgenommene Einzelreiz erst zu einer Gestalt zusammengefasst wird und zugleich mit dieser Gestalterfassung auch eine Bedeutsamkeit ermöglicht. Die Urphantasie ist das Gelenk, durch welches das sinnliche Wahrnehmen als Vorgang im Außenbereich des Erlebens mit dem offenbarenden Innenbereich der Seele verbunden wird. Damit ist die Urphantasie die Vorbedingung für das Entdecken aller Ideen und im Weltinnewerden gleichsam das wichtigste Instrument, das der Seele zur Verfügung steht, um den Sinn des Seins zu erkennen. Diese beiden Wahrnehmungsbereiche bilden einen einheitlichen Mechanismus.

In der Theorie von der Urphantasie geht man davon aus, dass bereits im vorbewussten Zustand im Menschen ein Fundus unendlicher Bilder und Ideen latent „vorgeformt" vorhanden ist. Man könnte diese im Hinblick auf das menschliche Leben als „archetypische Muster" und Erwartungsbilder bezeichnen (vgl. C.G. Jung / kollektives Unbewusstes), die der Mensch im Leben im äußeren sinnenhaften Wahrnehmen quasi „wieder erkennt" und abruft. Bei dieser immanenten Urphantasie handelt es sich also immer um eine ganzheitliche Gestaltauffassung und sie ist Empfangen und Hervorbringung zugleich, wobei ein „vorbewusstes Bild" mit einer realen wahrnehmenden Erfahrung zur Deckung gebracht wird. Die Urphantasie ist es, die als Gestalteinheit und Bedeutsamkeitsganzes in der Wahrnehmung entdeckt wird, jedoch bereits vorstellungslos und vorbewusst in der Seele vorhanden ist und nur bei der Begegnung mit der Welt durch die Vermittlung der Sinnesorgane in die Wachheit des bemerkenden Erlebens gehoben wird. Das könnte man auch als „schöpferische Phantasie" bezeichnen, die über die Intuition erfolgt. Damit ist die Intuition eine Art vermittelndes Vorstadium des erst danach einsetzenden Denkens und Erfahrens.

Nach dem Prinzip der Urphantasie sind somit alle Ideen vorgeformt und in den Urbildern vorhanden, und darum kommt letztlich auch kein Gedanke vom Menschen selbst. Jeder Gedanke bleibt letztlich primär eine „Eingabe" aus einer anderen Dimension, bei der es nur um eine bestimmte Form des Abrufens in die konkrete Verwirklichung geht. Platon spricht in diesem Zusammenhang davon, dass alle *realen Objekte unvollkommene vergängliche Abbilder transzendenter ewiger Ideen seien.* Da aber alle „Eingaben oder Entdeckungen" nach ihrer Hervorbringung des ordnenden Prinzips des Denkens bedürfen, um sie in die bereits bestehenden Ordnungen und Bedingungen der Welt einzuordnen, so wird auch das „Weltinnewerden" über das denkende Erfassen ständig von einer Weltorientierung überformt und sogleich als persönliche Leistung und Besitz empfunden. Darum sagt Paulus zu Recht: *„Was rühmt ihr euch, als hättet ihr es nicht empfangen!"*

Das Hereinbrechen solcher spirituellen Bewusstseinselemente verursacht Angst und führt oft zu einer Flucht davor. Man hat mit Recht darauf hingewiesen, dass die Erfahrung lehrt, wie sehr die Menschen in ihrer Selbstbeobachtung schon die Haltung einer Selbstbeurteilung einfließen lassen und damit der Gefahr der Selbsttäuschung erliegen, was vor allem für die Feststellung von Motiven gilt. Nietzsche: *„Das habe ich getan, sagt mein Gedächtnis. Das kann ich nicht getan haben, sagt mein Stolz und bleibt unerbittlich. Endlich gibt das Gedächtnis nach."*

Wir müssen dabei also zwischen intellektuellen und rein geistigen Funktionen des Denkens unterscheiden. Die intellektuellen Funktionen des Denkens bestehen darin, die Welt als eine Ordnung von Sachverhalten zu erkennen, wodurch wir uns praktisch auf die Welt einstellen können. Die geistig-ideellen Funktionen des Denkens finden ihre Voraussetzungen in der transitiven Telepathie oder Intuition und verweisen bereits auf eine andere Dimension eines erfahrenden und empfangenden Erkennens hin, was uns die Sichtbarkeit von Ideen, die allen Erfahrungen und religiösen Offenbarungen zugrunde liegen, erschließt. Dieses Denken erfragt aus einer offenbarenden Erkenntnis heraus, woher unser eigenes Dasein seinen Sinn erhält, und erzeugt im Menschen den Aspekt eines verantwortungsvollen Gewissens. Diese Doppelfunktion des Denkens spiegelt sich auch in der zweifachen Bedeutung der Sprache wider. Ist das Denken in seiner rein intellektuellen Funktion ein Mittel, das Dasein in der Welt zu organisieren und zu interpretieren, so wird es in der geistigen Funktion der Intuition zur bedeutungsvollen Auslegung der Welt von Sinngehalten, Ideen und Wesenheiten. Hier liegt der Schnittpunkt zwischen horizontalen und vertikalen Bewusstseinsrichtungen, an denen diese doppelte Funktion des Denkens deutlich wird. William Stern spricht in diesem Zusammenhang von

„Gegenstands- und Beziehungsdenken" im Unterschied zum reinen „Sinndenken".

In den bisherigen psychologischen Praktiken ging man im Prinzip nur vom „Gegenstands- und Beziehungsdenken", also den physischen, psychischen und sozialen Voraussetzungen als das Leben allein bestimmenden Faktoren aus. Der Schnittpunkt zwischen horizontalem und vertikalem Denken, dieser Doppelfunktion des Denkens als intelligibles Welterfassen einerseits und als reines Sinndenken andererseits, wurde dabei streng beachtet und eingehalten. Da aber wahre Selbsterkenntnis im Gegensatz zur Psychoanalyse nur über reines Sinndenken und nicht über Beziehungsdenken erfolgen kann, bedarf sie noch eines Vermittlers, nämlich der **Intuition**. Sie ermöglicht durch feinstoffliche Energien aus einer geistig höheren Dimension den Zugang für alle erkennenden Funktionen. Die in der Theorie von der Urphantasie bereits erwähnte Infiltration aller gedanklichen Energien impliziert damit bereits ein rein Geistiges aus einer anderen Seinsebene oder Dimension, welches als Quelle aller Eingaben gelten muss. Um diese feinstofflichen Einströmungen empfangen zu können, besitzt der Mensch einen feinstofflichen Körper, der mit diesem biologisch-physiologischen Körper ihn umhüllend eng verbunden ist: Das ist der **Ätherkörper**.

Diese Auffassung, dass solche feinstofflichen Körper aus Licht bestehen, hat eine weit zurück reichende Tradition (Ägypten). Auch da findet sich in alten Berichten immer wieder jene Dreiteilung der „Körper": Neben einem grobphysischen Körper existieren noch zwei unsichtbare Körper, ein feinstofflicher und die Seele. Auch in den Upanishaden (Sammlung hinduistischer Schriften) werden am Menschen unterschiedlich dichte „Schalen oder Hüllen" unterschieden, die einen innersten Wesenskern wie Zwiebelschalen umhüllen. Bei Trismegistos[7] lesen wir: *„Gott hat den ganzen Leib mit Unsterblichkeit umhüllt, so dass die Materie nicht mehr in Unordnung aufgelöst werde,*

---

[7] Trismegistos, Hermes, „Gesamtwerk"

denn als die Materie noch ohne Leib war, da war dieselbe ungeordnet (Chaos)." „Und über den Wassern (Chaos) schwebte der Geist" (Genesis). Die verbindende Kraft zwischen Ätherkörper und Bewusstsein ist die Intuition, die über die Urphantasie die Übertragung der wechselseitigen Intentionen ermöglicht.

DER ÄTHERKÖRPER ODER FEINSTOFFLICHER KÖRPER

Der ätherische Körper ist quasi die Schablone des physischen Körpers und somit der Urtypus, nach dem die dichte physische Form des menschlichen Körpers in einer Inkarnation gestaltet wird. Der ätherische Körper ist ein Netzwerk, das aus fein verzweigten feinstofflichen Kanälen besteht, die zu einer besonderen Form gestaltet sind, diese belebend anregen und darüber hinaus im gesamten Kosmos die Rotationsbewegung der Materie bewirken.

Kern des Ätherkörpers im Menschen ist die Seele selbst, die wiederum den ätherkörper belebt und die Lebendigkeit des grobstofflichen Körpers ermöglicht. Die Seele selbst ist nicht mehr feinstofflich, sie ist der Geistfunke aus dem Zentrum und das Allbelebende der ganzen Schöpfung, was auch die Voraussetzung für das spirituelle Empfangen aller Gedanken ist. Jeder Mensch ist also Empfänger gelenkter Gedanken, die sein Bewusstsein und seine Seele auf Übereinstimmung bringen, so dass die empfangenen Gedanken in und durch seinen eigenen Energiekörper hindurch wirken, wobei die Energie der beherrschende Faktor in jeder Erscheinungsform ist, was auch für die Verbundenheit des Menschen mit dem gesamten Universum gilt.

Zusammenfassend könnte man folgende Gesetzmäßigkeiten benennen:

Alle Energien treten über die integrierende Kraft der Ätherkörper im Universum miteinander in Verbindung, wobei der Impuls dafür in der energetischen Substanz des Äthers selbst liegt.

1. Darüber erfolgt die gedankliche Beeinflussung aller Menschen, die zur Einheitlichkeit im Denken führt, und als ein Austausch von Gedanken über gelenkte Energien zu verstehen ist. Denn jeder Mensch ist Sender und Empfänger gelenkter Gedanken, so dass Gedankenformen durch seinen Energiekörper wirken können. Dabei liegt jedoch die Aufnahmebereitschaft immer im freien Willen des Menschen. Alle anderen naturhaften Lebensformen dagegen werden allein durch göttliche Energien gelenkt und beherrscht, und zwar mittels ihrer Energiekörper, die integrale Teile des Ganzen sind. Bailey spricht in diesem Zusammenhang vom Bewusstsein des Atoms.

2. Im manifesten Kosmos besitzt alles eine zwar nicht wahrnehmbare, jedoch „substanzerfüllte Energieform". Diese umhüllt den jeweiligen materiellen äußeren physischen Körper. Über die ein- und ausströmenden Energien des Ätherkörperes besitzt dann der Mensch die Fähigkeit, auf Energiestöße, die aus seiner Umwelt, wie auch aus seinem Inneren kommen, reagieren zu können.

Der physische Körper ist sterblich, und der Mensch erfährt über die Verhaftung an diesen im Leben eine karmische Beschränkung. Der Ätherkörper ist unsterblich, in ihm sind alle karmischen Muster enthalten, und allein über ihn wird der Zugang zur 4. Dimension ermöglicht. Der Ätherkörper wird durch alle Vorgänge des Gefühls und des Denkens geprägt und ist das einzig wahre Ergebnis einer Inkarnation, wo hingegen die Menschen die Identität mit dem physischen Körper immer als „wirkliche Realität" erleben und erfahren. Nachdem im Laufe der menschlichen Entwicklung eine Trennung in Soma und Psyche vollzogen wurde und im menschlichen Denken heimisch geworden ist, sind wir gewohnt, die Beziehungen zwischen Leiblichem und Seelischem als getrennt und nicht als Ursache und Wirkung aufzufassen. Das ist jedoch ein Scheinproblem: Denn Lebendig-Leibliches und

Seelisch-Immaterielles sind gar nicht abgeschlossene Seinskreise, sondern stellen eine integrierte polar koexistentielle Ganzheit dar. Jene gedachte, aber scheinbare Trennung ist jedoch die Ursache für alle Illusionen im Bewusstsein der Menschen. Ziel allen Seins ist es, wieder zur Einheit zu gelangen, und das heißt: Die Überwindung dieser Illusion einer dualen Getrenntheit. Denn in sich selbst vereinigt zu sein, ist der natürliche Zustand von allem Sein. Leider ist die Energiemenge, die benötigt wird, um diese Illusion einer nur vorgestellten und scheinbaren Getrenntheit aufrecht zu erhalten, ungeheuerlich. Eine solche Illusion verbraucht darum viel mehr Energie als ein einfaches Loslassen, denn das intelligible Denken im Bewusstsein der Menschen hat sich zu einer außerordentlichen Stärke entwickelt, um diese Illusion aufrecht zu erhalten, um alle Impulse auszublenden, die vom Geist kommen. Der spirituelle Körper dagegen versucht ständig Impulse und Informationen über den Geist zu senden, die auf die Vernunft zwar auftreffen, aber meist von dieser abgeblockt werden.

Zusammenfassend kann man das System wie folgt aufgliedern:

1. „Der grob-physische Körper" ist als biologischer Träger die Gesamtsumme aller Organismen, aus denen er besteht, und ist als Empfänger vielfältiger Energien der „Reaktionsapparat" des innewohnenden feinstofflichen Ätherkörpers, der dazu dient, die Seele mit dem universellen übergeordneten Lebensträger, in dem wir leben, in Verbindung zu bringen.

2. Der Ätherkörper hat vor allem die Funktion, den physischen Körper zu beleben und zu aktivieren und ihn dadurch in den übergeordneten Energiekörper des Universums einzugliedern, denn er ist ein Teil jenes riesigen Energienetzes, das die Grundlage für alle makrokosmischen und mikrokosmischen Formen bildet. Im permanenten Kreislauf der Lebenskräfte fließen diese Energien durch die Ätherkörper aller Geschöpfe. Sie sind zugleich die Grundlage für alle Manifestationen sowie deren Ausdruck, ferner für ihr innerstes Wesen und den untrennbaren Zusammenhang allen Lebens in der Schöpfung.

3. Neben dieser Grundfunktion des Ätherkörpers als Lebensträger haben sich in demselben im Laufe der menschlichen Entwicklung noch zwei weitere Funktionsbereiche herausgebildet: Ein emotionaler und ein mentaler Funktionsbereich. Beide dienen innerhalb der Bewusstseinsentwicklung der Differenzierung aller menschlichen Gefühlsreaktionen und des Denkens. Dabei entspricht, wie schon erwähnt, der emotionale Funktionsbereich, im esoterischen Sprachgebrauch auch „Astral- oder Begierdekörper" genannt, im Modell von Philipp Lersch dem „endothymen Grund"[8] und der mentale Funktionsbereich dem „kortikalen Oberbau". Dadurch bringt das wechselseitige Einwirken von Begierde und Gefühlsreaktionen auf die Seele als Wirkung dann Schmerz oder Lust hervor. Entsprechend erfährt der mentale Funktionsbereich eine Vertiefung über intelligibles Denken zum erkennenden Weltinnewerden und bildet so das wichtigste Instrument, das der Seele zur Verfügung steht, um den Sinn des Seins zu erkennen. Alle diese genannten Bereiche bilden einen einheitlichen Mechanismus. Die verbindende Kraft zwischen Ätherkörper und Bewusstsein ist dabei die Intuition, die über die Urphantasie die Übertragung der wechselseitigen Intentionen ermöglicht. Erfahrung und Urphantasie sind von rein empfangender Natur, weil der Mensch dadurch im Gegensatz zum aktiven Tun eine Einwirkung empfangend erfährt. Jede Intuition ist eine Eingebung, die zuerst vom Ätherkörper empfangen und über eine Art von Modul im Gehirn dann zur inneren Vorstellung ummoduliert wird. Alle Intuitionen sind Eingebungen aus höheren Dimensionen, die von den Menschen lediglich empfangen werden. Erst dann beginnt ihre Aufgabe, dieselben nicht nur einzuordnen, sondern auch in der Umsetzung von Taten zu einer für alle sichtbaren Erscheinung zu machen. Und das erfolgt dann über die Phantasie, die direkt mit dem Ätherkörper fusioniert, um als bildhafte Erscheinlichkeit sich im Gehirn wie auf einer Matrize für den Menschen sichtbar und erlebbar auszugestalten.

---

[8] Philipp Lersch, „Aufbau der Person"

INTUITION

„Was wirklich zählt, ist Intuition." (Albert Einstein)

Descartes: *„Unter Intuition verstehe ich nicht das fließende Zeugnis der Sinne, sondern die Vorstellung, die uns ein ungetrübter und aufmerksamer Verstand so bereitwillig und deutlich gibt, dass uns hinsichtlich dessen, was wir begreifen, jeglicher Zweifel genommen wird."*

Der Begriff Intuition kommt vom Lateinischen *„intueri"*, was bedeutet, auf etwas zu schauen, in etwas hineinschauen, über etwas nachsinnen. Im Lexikon steht dazu: *„Unmittelbares Gewahrwerden eines Sachverhaltes in seinem Wesen, ohne dass bewusste Reflexion darauf hingeführt hat: Das ist auf alles Erkennbare anwendbar. Eine Intuition umfasst verschwommene Ahnungen und Gefühle, ebenso grundlegende wissenschaftliche Entdeckungen oder auch göttliche Offenbarrungen"*. Dabei werden Intuitionen wie ein Blitz aus heiterem Himmel erfahren und sind ein Offenbarwerden des Wahren, ein plötzliches Ansichtigwerden von Sachverhalten und Zusammenhängen durch das Mittel der Urphantasie, was sich nur metaphysisch interpretieren lässt. Alle Philosophen, von Platon angefangen bis zu Spinoza[9] und Nietzsche sowie alle Mystiker wiesen darauf hin, dass es jenseits des Denkens und der Sinneswahrnehmungen noch höhere, intuitive Formen des Erkennens gibt. Selbst alle Entdeckungen der Naturgesetze werden nur über Intuitionen gemacht. *„Es gibt keine logischen Pfade zu diesen Gesetzen; nur Intuition auf der Grundlage einfühlsamen Begreifens der Erfahrung kann zu ihnen führen."* (Albert Einstein)

---

[9] Baruch de Spinoza, „Gesamtwerk"

"Intuition ist die direkte Assimilation einer Erkenntniskraft mit ihrem Objekt. Intuition ist eine unmittelbare „Mitteilung" ohne gegenständliche Zwischenvermittlung; sie ist der einzige Akt, durch den die Erkenntniskraft sich selbst formt, und zwar nicht nach der abstrakten Ähnlichkeit des Gegenstandes, sondern nach diesem selbst. Intuition ist ein außerhalb des Bewusstseins liegender Mentalprozess, dessen wir von Zeit zu Zeit dunkel gewahr werden. Intuitive Inspiration und instinktive Energie werden zuletzt im vollständigen Selbst, das schließlich eine einzige Persönlichkeit bildet, unterworfen und geeint." (Alice Bailey)

Bailey fasst die Idee von einem „physischen Bewusstsein" und einer intuitiven Intelligenz in folgende Worte zusammen: *„Ich bin nun endgültig zu der Annahme gekommen, dass es im Menschen zwei verschiedene Intelligenzorgane gibt, und zwar den Thalamus (Sehhügel), welcher der Sitz des Instinkts, und die Hirnrinde (Cerebral/ Kortex), die der Sitz der verbündeten Fähigkeiten des Intellekts und der Intuition ist".* Dieser Standpunkt hat eine genaue Parallele in der orientalischen Lehre, die als Tatsache annimmt, dass sich das koordinierende Funktionszentrum der gesamten niederen Natur in der Gegend des Hirnanhanges und der Kontaktpunkt des Höheren Selbst sowie die Intuition in der Gegend der Zirbeldrüse befindet.

Formale und nachträgliche Beweise sind lediglich Instrumente der Verifizierung und Kommunikation, aber niemals der initiierende Faktor selbst. Wir müssen darum lernen, die verworrenen und sich gegenseitig beeinflussenden Beziehungen zwischen Intuition und Rationalität zu ordnen und zu gestalten. Vieles von dem, was die Intuition leistet, kann nämlich rational nicht vollbracht werden, weil rationales Denken nur mit dem arbeiten kann, was dem Verstand zum gegebenen Zeitpunkt bewusst ist; denn Vernunft ist die langsame und mühselige Methode, mittels derer eine Wahrheit erkannt wird. Der Mensch verfügt über zwei Arten von Erkennen: reales und surreales. Traditionelle Formen der Vernunftausübung wurden immer nur für das horizontal reale Denken entwickelt – das surreale Erkennen entzieht sich dagegen jeder Kodifizierung und Analyse. Dies ist der

Unterschied zwischen bloß intelligentem Begreifen und Zuordnen einerseits und wahrem intuitivem Verstehen und Erkennen andererseits, was allein zur Vereinigung von Erkennendem und Erkannten führt. Die höchste Form der Erkenntnis ist die „Erleuchtung", die selbst wiederum eine transformierende Wirkung auf das Bewusstsein besitzt, worüber alle kognitiven Fähigkeiten erweitert und im Bewusstsein zum zentralen Bezugspunkt werden.

Eine Intuition hat immer etwas Überraschendes, dabei ist das Überraschende an solchen Situationen, dass wir unserer Sache ohne erkennbaren Grund so sicher sind, weil es sofort in ein Erkennen der Selbstverständlichkeit umschlägt. Das Paradoxe an der Intuition ist: Sie ist immer von einem Gefühl begleitet, selbst ein Empfangender und nicht ein Initiator zu sein. Intuitionen kommen quasi von innen heraus, aber gleichzeitig auch von einem unnennbaren Anderen, und wir produzieren sie und sind ihr doch gleichzeitig ausgeliefert. Intuitionen kommen unerwartet und doch genau im richtigen Moment. Genau wie die Intuition besitzt auch die Erleuchtung jene paradoxe Eigenschaft: Sie ist ein inneres Geschehen und scheint dennoch wie eine Gabe von einer anderen Quelle herabzusteigen. Und obwohl wir gewiss sind, gehen wir oft das Risiko nicht ein, unseren Intuitionen zu trauen. Denn der eigenen Intuition vertrauen heißt, bereit zu sein, gegenüber allen nicht beweisbaren Produkten unseres Verstandes das Risiko einzugehen und nicht daran zu zweifeln. Von einer scheinbaren Flüchtigkeit aller Intuitionen darf jedoch nicht auf eine Flüchtigkeit des Ätherkörpers geschlossen werden. Denn dieser ist eine viel größere Konstante als der physische Körper, der viel größeren Veränderungen unterworfen ist. Vielmehr ist der Ätherkörper die einzig wahre Realität, die ja auch nach dem Tod weiter besteht. Die scheinbare Flüchtigkeit von Intuitionen hängt damit zusammen, dass nur wenige Menschen überhaupt in der Lage sind, Intuitionen ungetrübt zu empfangen und schon gar nicht in der Lage sind, sie auf ihrer geistigen „Festplatte" der Phantasie festzuhalten. Aber auch das wird in der Zukunft viel besser funktionieren. Die meisten Menschen haben solche Eingebungen bisher überhört und konnten sie darum auch nicht zur Realität werden lassen. Jetzt beginnt aber eine mehr und mehr telepathische Kommunikation, die allerdings nicht wie Lesen und Schreiben geübt werden kann, sondern für die man Schritt für Schritt eine Bereitschaft entwickeln muss, um sich einem Empfangen und Senden öffnen zu können. Doch die neue Population wird darin sehr bald riesige Fortschritte machen.

Das ist genau der Schnittpunkt zwischen den Wechselwirkungen von Geist und Welt. Oliver Sacks äußert sich dazu: *Unser Bewusstsein ist wie eine Flamme oder eine Quelle, die aus unendlichen Tiefen aufsteigt. Wir selbst übermitteln nur und sind nicht die erste Ursache, Wir sind Behälter oder Trichter für etwas, was jenseits von uns liegt. Letztlich wird jede Theorie über die Intuition den Geist in Zusammenhang bringen müssen mit dem, was jenseits von uns liegt.* Aus eben dieser Erkenntnis heraus hat auch David Bohm eine holographische Struktur des Universums postuliert, eine Welt, die nicht in den uns vertrauten separaten materiellen Formen existiert, sondern in Wirklichkeit vielmehr als ein Gewebe innerlich zusammenhängender Energieströme betrachtet werden muss. Im Tao der Physik beschreibt Capra: *Die subatomaren Teilchen sind dynamische Strukturen, die nicht als isolierte Einheiten existieren, sondern integrierte Teile eines unauflöslichen Netzwerkes von Wechselbeziehungen sind, wobei Geist und materielle Wirklichkeit miteinander verknüpft sind und als unterschiedliche Manifestationen derselben grundlegenden Wesenheit des Bewusstseins angesehen werden müssen.* Aus der Physik ist überdies bekannt, dass ein materielles Phänomen nicht ausschließlich als solches betrachtet werden kann, sondern auch immer von einem energetischen Phänomen, dem Feld begleitet wird. Ebenso unterliegen auch energetische Phänomene wie elektromagnetische Strahlungen materiellen Einflüssen. So kommt es in der modernen Physik zu der Annahme der Doppelnatur des Lichts als energetischer Welle und als einen materiellen Korpuskels, welches auch der Schwerkraft unterliegt. Im Kosmos ordnen primär die energetischen Geisteskräfte die materiellen Teilchen gemäß einer Idee (Urbild) in die entsprechenden Strukturen ein. Diese Atome gehorchen naturgemäß den Gesetzen „ihrer Dimension", d.h. sie stehen „im göttlichen Gesetz", denn es bedarf keiner „bewussten" Entscheidung eines Atoms oder einer Molekulargruppe. [10]

In einem solchen Universum ist es durchaus denkbar, dass über die Intuitionen Quellen angezapft werden, die den wahrnehmenden Sinnen allein nicht zur Verfügung stehen. Teilhard de Chardin spricht in diesem Zusammenhang von der „Noos-sphäre" und Sheldrake[11] von einem *formativen Kausalprinzip unsichtbarer Organisationsfelder*, in denen mentale und physische Phänomene in ständiger Wechselwirkung verknüpft sind – wie Welle und Teilchen. Diese Organisationsfelder übertragen als morphische Resonanz Gedanken und Erinnerungen, die nicht als Spuren oder Eindrücke im Nervensystem gespeichert, sondern durch Resonanz eigener vergangener Zustände auf entsprechende Empfänger übertragen werden. Laut Platon besitzt der Geist latente immanente Vorstellungen von allen Ideen, wodurch alle Sinneswahrnehmungen und Erkenntnisse im Leben erst ermöglicht werden, und jeder Mensch tritt bei seiner Geburt mit diesen bestimmten Dispositionen ins Leben.

Wie bereits erwähnt, ist die Intuition ein Wiedererkennen von immanenten Urbildern und weder einsichtsvolle Psychologie, noch eine Anmutung liebevoller Hinwendung. *Intuition ist ganzheitliches Verstehen, das ein Vorrecht der Seele ist und nur dann möglich wird, wenn die Seele auf ihrer eigenen Ebene nach zwei Richtungen hin ausstrahlt*: nach dem göttlichen Ursprung und nach der gleichgeschalteten und einsgewordenen Persönlichkeit. Es ist das erste Anzeichen einer tiefen subjektiven Vereinigung und schließt ein umfassendes Erkennen und Verständnis für das Prinzip der Universalität ein. Wenn eine Intuition aktualisiert ist, geht für den Augenblick alles Gefühl des Getrenntseins verloren. Ihren Höhepunkt bezeichnet man als jene All-Liebe, die nichts mit Gefühlsschwärmerei und persönlicher Zuneigung zu tun

---

[10] vgl. Alice Bailey, „Das Bewusstsein des Atoms"
[11] Rupert Sheldrake, „Das schöpferische Universum – die Theorie des morphogenetischen Feldes"

hat, sondern ihrer Natur nach eine Identifizierung mit allen Wesen bedeutet. Intuition bringt bei ihrem Erscheinen drei Eigenschaften mit sich:

1. **Erleuchtung** ist „das Licht der Erkenntnis" oder in Wirklichkeit das, was das Denken erleuchtet. Denn die Intuition ist die innere Erkenntnis des Menschen, die nicht nur theoretisch, sondern tatsächlich auf Grund eigener Erfahrung mit dem universalen Denkprinzip vollkommen identisch ist. Es ist das berühmte *„Aha-Erlebnis"*, von dem man sagt, es gehe einem ein Licht auf. Intuitives Verstehen ergibt sich stets unmittelbar aus sich selbst heraus. Wo erst Überlegungen und späteres Verstehen notwendig sind, handelt es sich nicht um Intuition.

2. **Offenbarendes Verstehen** bedeutet die Kraft, sich von der Identifizierung mit dem Formleben loszulösen. Darüber hinaus bedingt dieses wahre Verstehen die wachsende Fähigkeit, alle Wesen zu lieben und dennoch von persönlichen Bindungen frei zu bleiben, und das bedeutet zugleich Einswerden der Persönlichkeit mit der Seele.

3. **Liebe** – Damit ist nicht eine gefühlsmäßige Hinneigung oder ein liebevolles Verlangen gemeint. Denn wenn die Intuition entwickelt ist, werden sich sowohl Zuneigung als auch liebevolle Hingabe ohnehin in reinster Form kundtun. Aber was die Intuition hervorruft, ist etwas viel Tieferes und Umfassenderes. Liebe ist jenes allumfassende Begreifen des Lebens und verneint alles, was Schranken baut, Kritik übt und Trennung hervorruft. Sie sieht keinen Unterschied mehr und ist in allen Bewertungen gleich-gültig und bewirkt in dem, der als Seele liebt, eine unmittelbare Identifizierung mit dem Gegenstand seiner Liebe.

Erleuchtung, Verstehen und Liebe fassen die drei Qualitäten der Intuition zusammen und lassen sich ihrerseits mit dem einen Wort „Universalität" kennzeichnen, oder mit dem Gewahrwerden der Einheit des Alls. Wo dieses aufscheint, da ergibt sich eine unmittelbare Dezentralisierung des Ich, nämlich alles auf sich selbst als den Mittelpunkt zu beziehen. Denn nur über die Intuition lernt man die hintergründigen „Bedeutungen" zu erfassen und über den Gebrauch des Denkvermögens zu verstehen.

In der Menschheitsentwicklung ist die Intuition eine fortschreitende Bewusstseinserweiterung und ermöglicht den Menschen, einerseits auf die äußere Welt der Gedanken und Vorgänge und andererseits auf die Welt der spirituellen Energien und des geistigen Seins zu reagieren. Damit ist die Intuition das immanente Wesen des Denkvermögens, das gleichsam als „inneres Laboratorium" eine Verbindung mit höheren Energien herstellt und eine Transparenz der Wahrnehmung entwickelt.

Unzählige Menschen kamen im Lauf der Zeit zur Erkenntnis, dass die sichtbaren Gestalten nicht die Gesamtheit der Erscheinungswelt sind und dass es darüber noch eine Realität geben müsse, von der die Form nur eine Manifestation sei. Wenn nun aber die Form nicht die Gesamtheit der Erscheinungswelt ist, so können auch die physischen, intellektuellen und psychischen Kräfte allein nicht die Gesamtheit menschlicher Kontakt- und Reaktionsfähigkeiten ausmachen. Demnach gibt es noch höhere Entsprechungen, die mit den niederen uns geläufigen und bekannten Kräften in Übereinstimmung gebracht werden müssen. Eine solche Koordinierung kann z.B. auch durch Meditationen erreicht werden, worüber man auch spiritueller Bewusstseinszustände gewahr werden kann. Denn eins der erstrebten Ziele der Meditation besteht darin, den Menschen zu befähigen, auch in seiner äußeren Manifestation das zu werden, was er in seiner inneren Wirklichkeit ist. Meditation soll einen Menschen veranlassen, sich mit seinem „inneren" Aspekt und nicht bloß mit seinen äußeren, niederen Charakter-Eigentümlichkeiten zu identifizieren.

Seit Tausenden von Jahren haben die Mystiker und Wissenden auf Erden über ihre Erfahrungen mit diesen subtileren Welten Zeugnis abgelegt. Sie nahmen dabei mit Kräften und Phänomenen, die nicht von der physischen Welt stammen, Kontakt auf. Darum waren es immer nur diese Zeugen einer unsichtbaren spirituellen Welt, die jene offenbarenden Botschaften brachten, welche die Gedanken der Menschen geformt und dem Leben von Millionen Richtung gegeben haben. Sie waren es auch, die immer wieder darauf hinwiesen, dass es eine Wissenschaft geistiger Erkenntnisse und eine Technik gäbe, wodurch die Menschen zur mystischen Erfahrung gelangen und Gott erkennen können. Die Menschen haben diese Lehren nur in sehr unterschiedlicher Weise empfangen und umgesetzt. In den westlichen Kulturen wurde das Bewusstsein mehr auf die materiellen Aspekte des Lebens konzentriert. Die gesamte mentale Kraft wurde auf die Kontrolle und Nutzbarmachung materieller Dinge, auf die Vervollkommnung physischen Komforts und auf die Anhäufung von Besitztümern gerichtet. Im Osten hingegen, wo die spirituellen Wirklichkeiten einheitlicher bewahrt worden sind, wurden Technik und Gedankenkraft auf Konzentration, Meditation und in metaphysischen Studien angewandt. Es wäre wünschenswert, wenn in einer verschmelzenden Begegnung beider Kulturen, Ost und West, deren spirituelle Errungenschaften ihre volle Wirkungskraft für die gesamte Menschheit entfalten könnten.

Instinkt und Intellekt

Genau wie die Eingebungen der Intuition entstehen auch die Instinktimpulse im Geheimen. Beide beginnen räumlich gesprochen in den innerhalb unseres Bewusstseins gelegenen Bereichen unseres Selbst, kommen aber gleichzeitig unerwarteter Weise ans Licht des Tagesbewusstseins. Wenn sie zum Vorschein kommen, sind sie notwendigerweise beinahe vollständig, und ihr Eintritt in unser Bewusstsein erfolgt plötzlich. Allerdings liegt die Intuition auf der dem Instinkt entgegengesetzten Seite der Vernunft. Wir haben hier also die interessante Dreiheit von Instinkt – Intellekt – Intuition, wobei der Instinkt sozusagen unter die Bewusstseinsschwelle gesunken ist, der Intellekt den ersten Platz im Denken des Durchschnittsmenschen einnimmt und die Intuition über diesen beiden liegt. Sie macht ihre Gegenwart nur gelegentlich in plötzlichen Erleuchtungen und im Erfassen einer

Wahrheit bemerkbar.

Es sind die drei sich ergänzenden Aspekte des menschlichen Bewusstseins, die ständig vermischt in Tätigkeit und niemals nur einzeln aktiv sind, sondern im Gegenteil bei Input und Output zusammen wirken. Der Mensch erfährt überhaupt nur über permanente Eingaben etwas, und die Intelligenz hat dann lediglich die Eingaben zu ordnen und im Denken für ihn relevant zu machen. Darüber begreift dann der Mensch wiederum die Welt, um mit ihr vernünftig umgehen zu können. Leider haben die meisten Menschen kaum Inputs. Solche Menschen gelten dann oft als unterbelichtet oder dumm. Andere wiederum haben zu viele Inputs und sind damit total überfordert, diese sinnvoll umzusetzen. Das sind dann die verkrachten Genies.

Der Mensch besitzt seine Hauptinstinkte mit allen Tieren gemeinsam. Wenn diese Instinkte zu selbstsüchtigen und persönlichen Zwecken gebraucht werden, steigern sie zwar das körperliche Leben und stärken die animalisch materielle Natur, tragen aber zugleich auch immer mehr zur Verhüllung des Selbstes im geistigen Bewusstsein bei. Sie mussten daher im Laufe der menschlichen Entwicklung in ihre höheren Entsprechungen umgewandelt werden, weil jede animalische Eigentümlichkeit im Menschen ihr geistiges Urbild hat. So mussten z.B. der Instinkt der Selbsterhaltung schließlich der Erkenntnis der Unsterblichkeit weichen, der Instinkt, der das niedere Selbst veranlasste, sich vorzudrängen und seinen Weg aufwärts zu erzwingen, verwandelte sich in ein Streben nach einem höheren oder geistigen Sein, und die Sexualität als alle animalischen Formen machtvoll beherrschender Instinkt erfuhr in einer erotischen Anziehungskraft eine Steigerung und brachte in ihrer edelsten Form die Vereinigung der Seele mit ihrem physischen Träger zustande, und der Instinkt, der Drang zu fragen, zu suchen und zu forschen wird der intuitiven Wahrnehmung und Einsicht eines Tages Platz machen.

Wir stellen heute fest, dass die Menschheit in dem langen Evolutionsprozess aus dem tierischen Stadium in das menschliche aufstieg und jene Stufe erreichte, auf welcher der Mensch eigenbewusst oder selbst-bezogen geworden ist. Er steht im Mittelpunkt seiner eigenen Welt, und das Universum dreht sich um ihn. Alles Geschehen bezieht sich auf ihn und seine Angelegenheiten. Der Mensch wird zum Maß aller Dinge, und eine Befriedigung und das Gefühl des Einsseins mit sich wird im Bereich materiellen Besitzes gesucht, weil sich der subtile, innere Mensch erst ganz allmählich geltend macht. In der Frühzeit der Menschheit suchte der Mensch allein Befriedigung darin, indem er fast automatisch auf die physischen Instinkte reagierte wie Fortpflanzung, Ernährung und Wärme. In dem Maße, wie der Mensch an intellektueller Bewusstheit zunimmt, wird das Bewusstsein nunmehr zum Werkzeug oder Instrument der „geschulten Instinkte" und des kontrollierten Denkens. Dieses Denken schöpft aus der Umwelt das, was zur Weiterführung des Lebensprozesses in einer bedürfnisreichen Welt erforderlich ist und überdeckt als Intelligenz mehr und mehr die instinktiven Impulse.

Schon seit dem frühesten Stadium menschlicher Existenz bis heute gab es aber auch immer ein Bewusstsein von etwas Anderem, von einem jenseits menschlicher Erfahrung liegenden Faktor. Dieses subtile und undefinierbare Gewahrsein kommt unvermeidlich und immer stärker zum Vorschein, bringt den Menschen ständig weiter voran und drängt ihn zur Suche nach dem, was ihm weder der Instinkt noch seine Intelligenz vermitteln können. Erst über sein erkennendes Denken als Verstand und Vernunft kann man diese Suche nach mystischer Erfahrung einen religiösen Impuls nennen. Dieser Drang nach einem umfassenderen Verstehen und Wissen zeigt sich heute bereits bei vielen Menschen, wird sich aber erst in der Zukunft als entscheidender Aspekt im neuen Bewusstsein offenbaren. Normalerweise erfassen auch heute noch die meisten Menschen nur das, was sie sehen, und sehen gewöhnlich nicht darüber hinaus. Es ist aber sehr wohl möglich, von der Welt eine andersartige Empfindung zu bekommen, wenn man hinter der sichtbaren Wirklichkeit das Unsichtbare wahrnimmt und die Oberfläche durchdringt, um durch die Dinge hindurch deren Ursprung zu erkennen. Um das Hintergründige zu erfassen, bedarf es neben Intelligenz und Denken noch dazu mentaler Fassungskraft und gelenkter Intuition, denn alle *„Phänomene erreichen uns maskiert im Gefüge von Zeit und Raum, deren letzte Bedeutung wir nicht eher verstehen sollen, als bis wir herausgefunden haben, wie wir sie aus ihrer Zeit-Raum-Umhüllung herausschälen müssen"* (Alice Bailey). Durch Meditation kann das, was das Licht verdunkelt, allmählich entfernt werden, und das bedeutet, dass die Qualität einer Intuition immer auch vom Bewusstseinslevel eines Menschen abhängt. Intuitive Erfahrung besteht also darin, die Aufmerksamkeit strahlenförmig auf die holographische Platte, die wir Geist nennen, zu richten.

Meditation kann mit vollem Recht als ein Teil des natürlichen Entwicklungsprozesses angesehen werden, der den Menschen auf dem Pfad der Evolution von einem kaum über dem instinktiven Tierzustand liegenden Niveau bis zu seiner gegenwärtigen Position mentaler Errungenschaft geführt hat, wobei sich sein Bewusstseinszentrum ständig verlagert hat. Der größte Teil der Menschheit ist längst aus dem rein tierischen und körperlichen Seinszustand in den intensiver Gefühls- und Sinneswahrnehmung übergegangen, wobei die Transferierung des menschlichen Bewusstseins in das der Seelen-Erkenntnis und Seelen-Wahrnehmung vornehmlich durch Meditation zustande gekommen ist. Die Transmutation des Bewusstseins bedeutet dabei eine Umleitung der Energien des Denkvermögens und der Gefühle, so dass sie der Offenbarung des wirklichen Selbstes und nicht bloß zur Wahrnehmung der realen Bilderwelt dienen. Die Diskrepanz zwischen wahrnehmbarem Außen und unsichtbarem Innen erzeugt im Menschen Spannungen und Ängste, weil Motive und Handeln so schwer zur Deckung zu bringen sind. Das wiederum führt fast zwangsläufig zur Verwechslung beider Bewusstseinsebenen (horizontal und vertikal) in der Bewertung, Identifikation und Rechtfertigung im Kommunizieren und Zusammenleben der Menschen. Und das Ergebnis ist Verblendung, das Grundübel im Leben schlechthin.

VOM WESEN DER VERBLENDUNG

Das Wort „Verblendung" ist die Bezeichnung für alle Täuschungen, Illusionen, Missverständnisse und Missdeutungen, denen ein Mensch auf jedem Schritt seines Weges ausgesetzt ist, bis er zur inneren Einheit gelangt, die das Geheimnis des Freiwerdens von Illusion sowie die Loslösung von der Verblendung in sich birgt. Zuweilen ist Verblendung sogar der merkwürdige Versuch, den Begriff „Verblendung" mit okkulten Mächten in Verbindung zu bringen, ja manche Menschen fühlen sich fast geschmeichelt, irgendeiner Art von Verblendung „ausgesetzt" zu sein. Nichts liegt der Wahrheit ferner, denn eine solche Idee ist an sich schon eine Verblendung und hat ihre Wurzeln in menschlicher Eitelkeit und Geltungssucht. In geistiger Überheblichkeit betrachtet man die Welt der Bilder, *Maya,* als gäbe es überhaupt keine Materie, und in pseudophilosophischer Anmaßung bezeichnet man die gesamte Erscheinungswelt als Illusion und Irrtum sterblichen Denkens und meint, dass alles Greifbare und Objektive nur ein Hirngespinst menschlicher Phantasie sei, was auch nichts anderes ist, als eine Verdrehung der Wirklichkeit.

Die grundlegende Ursache für alle Verblendungen ist die Dualität des Kosmos. Denn wenn dieses existentielle Prinzip nicht vorhanden wäre, gäbe es keine Verblendung. Die Wahrnehmung der Doppelnatur aller Manifestation ist dabei die eigentliche Wurzel aller Schwierigkeiten, denen die Menschheit in Zeit und Raum ausgeliefert ist. Das wahrnehmende Bewusstsein hat im Laufe der Entwicklung bekanntlich verschiedene Stadien durchlaufen, wobei die jeweilige Bewusstseinstufe den Level des sich gewandelt habenden vorherigen Bewusstseins bestimmt. Es handelt sich also dabei um eine immanente Bestimmung, die im Bereich des Bewusstseins liegt und in keiner Weise der Substanz oder Materie innewohnt. Denn der Verblendungszustand der Menschen war keineswegs von Anfang an da, sondern wurde erst allmählich und schrittweise im sich entwickelnden menschlichen Bewusstsein geschaffen. Alle Verblendungen entstehen durch unterschiedliche aufeinandertreffende Energieströme und bewirken im Menschen – als Zuschauer und Teilnehmer – einen Zustand der Dunkelheit und der Verwirrung, der eine klare Auswahl und kritische Unterscheidung schwierig und in den Anfangsstadien fast unmöglich macht. Es entsteht eine Art Vernebelung, die heute so allumfassend ist, dass – bildlich gesprochen – jedermann darin eingehüllt zu sein scheint.

In der Frühzeit der Menschheit umgab dieser „Nebel" nur die schon weiter entwickelten und fortgeschritteneren Menschen. Zum Verständnis dieser Feststellung sei auf die Tatsache verwiesen, dass primitive Menschen, die in ihrem Handeln hauptsächlich von ihren Instinkten bestimmt werden, im allgemeinen sehr einfach und ohne alle Umschweife mit den Anforderungen an ihre Existenz im Leben fertig werden, denn diese sind wie Hunger, Geburt und Tod, Selbstschutz und Fortpflanzung für sie von alleiniger Bedeutung. Man war zwar allezeit von irrealen Kräften umgeben, die aber erst dann für die Menschen zum Problem werden konnten, wenn sie als solche erkannt wurden, was im Frühstadium der Evolution jedoch nicht möglich war. Das Leben und seine Umstände erregten darum in den meisten Menschen wenig wirkliche Verblendungen und ihre kindhafte Einfalt schützte sie vor vielen Übeln differenzierter Art. Ihre Gemütsregungen waren einfach und natürlich, ihr Denkvermögen schlummerte noch, und erst allmählich fing man an, auf imaginäre Kräfte aufmerksam zu werden und deren Wirkungen zu entdecken. Man wurde sich langsam bewusst, das Ziel von unkontrollierbaren Kräften zu sein und zu irgendeiner Tätigkeit hingerissen zu werden, und so wurde die Welt der imaginären Kräfte allmählich zur bewusst empfundenen Wirklichkeit. Maya, die Bilderwelt, ist vor allem deshalb ein so allumfassendes Problem, weil Maya sich auf Kräfte (Energien) bezieht, die durch den Körpers strömen und diejenigen Reaktionen oder Wirkungen hervorrufen, welche entweder wünschenswert oder vernichtend sind. In dem Maß jedoch, wie die Menschheit sich entwickelte, höhere Bewusstseinsebenen sich ausbildeten und verfeinerten und das Denkvermögen aktiver wurde, entwickelten sich auch Verblendung und Illusion sehr schnell. Diesen Entwicklungsweg der Menschheit hat Jean Gebser in seinem Werk „Ursprung und Gegenwart" im Hinblick auf die stufenweisen Bewusstseinsmutationen beschrieben, worauf später dezidierter eingegangen wird.

Die ersten Anzeichen von Verblendung tauchten auf, als die Menschen in der Frühzeit anfingen, zwischen sich selbst als selbstbewussten Wesen und den physischen und vitalen Kräften zu unterscheiden, und so kam es zur ersten Verblendung über die Bewusstwerdung des Geschlechtstriebes und der sexuellen Anziehung. Damit begannen aber auch die ersten Kultbestrebungen, den physischen Körper unter eine Kontrolle zu bringen und das reale Leben mit einem spirituellen zu verschmelzen. Bereits damals wurden die ersten Nebelwolken der Verblendung sichtbar, wobei allerdings Illusion noch nirgends vorhanden war. Erst im bewussten Erkennen der Gefühls- oder Astralebene wurden Illusionen in jenen Menschen hervorgerufen, die sich in Vorbereitung auf eine höhere Bewusstseinsebene befanden. Dieses langsame Auftauchen des astralen Bewusstseins im bisher nur physisch-polarisierten Menschen jener Tage beruhte auf der Tatsache, dass man sich bereits auf einer Gewahrseins-Ebene betätigen konnte, die höher war als diejenige, auf der sich die Menschheit als Ganzes befand. Es war das allmähliche Erkennen des Konfliktes zwischen der physischen Dualität, in der das Bewusstsein sich normalerweise zu bewegen gewohnt war, und dem emotionalen Gefühlskörper. Das ändert sich grundlegend mit der Erreichung des menschlichen Selbstbewusstseins. Sobald der Mensch begreift, dass er sowohl ein körperliches, als auch ein geistiges Wesen darstellt, beginnt ein Orientierungskonflikt. Auf der einen Seite erlebt er sich als ein Wesen, welches den vergänglichen Gesetzen der materiellen Dimension unterworfen ist – oder anders ausgedrückt – er weiß, dass er sterben muss. Auf der anderen Seite ist er mit der Möglichkeit konfrontiert, den Gesetzen der Dimension entwachsen zu können. Ein dumpf verspürtes, höheres Bewusstsein setzt ein, das sich durch eine neue Qualität und Empfindsamkeit auszeichnet. Das war der Berührungspunkt des Menschen mit seiner Astralebene, die heute der vertrauteste von allen Seinsbereichen ist.

Ferner entstand ein zunehmender Sinn für Selbstidentifizierung, der das erwachende Selbst betraf und die Menschheit aus einem rein physischen Bewusstsein in das nächsthöhere Stadium, das astrale Bewusstsein, führen sollte. Dabei wird ersichtlich, dass Verblendung aus dem Erkennen dieser neuen Bewusstseinsfaktoren entstand und eine Folge davon war, wie der Mensch auf die zunehmende Vielschichtigkeit seiner eigenen Konstitution und auf die Energieimpulse seiner eigenen Seele reagierte. Mit der Zeit wurde die ganze Menschheit des neu auftauchenden Dualismus zwischen der physischen Konstitution und der astralen Gefühls- oder Emotionalebene gewahr und verspürte den spirituellen Sog des Zentrums im Innern, der auf dieser Stufe als Gewissen und als ein Drängen nach höherem Leben in Erscheinung trat. Dieses zuerst nur nebelhafte Gewissen entwickelte sich schließlich zu dem, was man heute die Stimme des Gewissens nennt und was mit den 10 Geboten Moses' zum ersten Moralkodex der Menschheit wurde. Damit erhöhten sich die Komplikationen und Schwierigkeiten des Lebens erheblich, und die Verblendung hatte auf der Erde endgültig Wurzel gefasst, was dazu führte, die Aufmerksamkeit von der wahren Wirklichkeit abzulenken. Im Bewusstsein der heutigen Menschheit manifestiert sich das Leben überwiegend im Emotionalbereich, wodurch die Menschen zu Opfern ihrer Gefühle und der daraus folgenden Verblendungen werden. Charakteristisch für die Astralebene ist die ständige Auseinandersetzung mit der polarisierten Dualität und damit verbunden mit den im Kosmos herrschenden Gegensatzpaaren von Gut und Böse, Freud und Leid, Recht und Unrecht, Sinn und Unsinn, Glück und Unglück, die das Leben bestimmen.

Immer wenn im Laufe der Bewusstseinsentwicklung eine Phase quasi ihr Ende erreichte, entstand vorübergehend eine Art abschließender Integration des zuletzt erreichten Bewusstseinsstadiums, was zugleich aber auch den Impuls zum Erkennen eines neuen Bereiches initiierte. Denn ein solcher Impuls kommt immer dann zustande, wenn ein höherer Aspekt des Bewusstseins dunkel erahnt wird und sich die Menschen allmählich als denkende Wesen erkennen. So verstärkte sich nach der vollen Ausbildung des Gefühlsbereiches immer mehr das Verlangen, das Denkvermögen zu entwickeln und zur Wirkung zu bringen, um das auf der Astralebene empfundene Problem der Gegensätze auf einer neuen Ebene zu lösen. Gleichzeitig wuchs das Gefühl für die eigene Identität, das Ichbewusstsein immer mehr, und alle davon Betroffenen standen vor der Aufgabe, sich aus dem dichten Verblendungsnebel ihrer gefühlsbetonten Sinneswahrnehmungen zu befreien, was auf eine vollkommene Beherrschung des Astralkörpers zielte. Man benutzte zu diesem Zweck sein Denkvermögen als die Lichtquelle, die den Weg enthüllt und die Verblendung zerstreut, was jedoch bis heute nur wenigen Inspirierten wirklich gelungen ist. Denn heute ist diese gefühlsmäßige Verblendung noch immer so groß, dass der größte Teil der Menschheit im „astralen Nebel" umherwandert.

Das empfindende und gefühlsbetonte wahrnehmende Erleben ist heute dermaßen in Verblendung versunken, dass die Menschen sich gänzlich mit der Welt des Gefühls identifizieren. Alle wechselseitigen Empfindungen, ihre Zuneigungen und Abneigungen sind die hauptsächlichen Formen einer allgemeinen Weltverblendung in der heutigen Zeit. Jede Verblendung entsteht dadurch, wie ein Mensch auf die hinter der vordergründigen Realität liegende Wahrheit reagiert. Denn, was er dort nur erspürt und halb verstehend gewahr wird, veranlasst ihn, sich in Selbstverblendung nach Art subjektiv-gefühlsmäßigen Verstehens bis in fanatische Schwärmerei und sentimentale „Seelenblähungen" zu versteigen. Er vergisst dabei, dass Wahrheit allein jenseits der Welt der Gefühle liegt, dass sie davon unberührt bleibt und in ihrer Reinheit erst dann erspürt werden kann, wenn man das Gefühl hinter sich gelassen und umgewandelt hat. Das Problem dabei ist, dass allein der Mensch es ist, der nicht richtig wahrnimmt, das

Wahrgenommene falsch auslegt und sich dann mit etwas identifiziert, was nicht er selbst ist. Er verlegt dabei sein Bewusstsein ausschließlich in den Erscheinungsbereich, der ihn so lange täuscht und gefangen hält, bis er rastlos und unzufrieden wird in dem Gefühl, dass etwas nicht stimmt. Ganz allmählich kommt er zur Erkenntnis, dass er nicht das ist, was er zu sein scheint, und dass die phänomenale Welt der Erscheinungen nicht mit der wahren Wirklichkeit identisch ist, wie er das bislang geglaubt hatte. Von da an wird sein Leben von dem Gefühl einer Dualität und Trennung zwischen sich und der Welt bestimmt. Dem Menschen dämmert die Erkenntnis von „Etwas Anderem" auf, wodurch in ihm der Impuls entsteht, diese Trennung zu überwinden und Schritte zu einer Einswerdung zu unternehmen. Fortan beobachtet er die Schwierigkeiten, gegen die er bewusst ankämpft und befindet sich von nun an in einer langen Periode der Befreiung von der Verblendung. Dabei durchläuft der Mensch verschiedene Bewusstseinsstadien und erfährt ständig Wandlungen.

DIE DREI BEWUSSTSEINSSTADIEN

1. Die physische Ebene (Kräfte der Materie); 2. Die Astralebene (die eigentliche Ebene der Gegensatzpaare / Zweiheiten); 3. Die Mentalebene. Es gilt jetzt zu untersuchen, in welcher Beziehung einerseits die Intelligenz und andererseits die Intuition zur Illusion stehen.

Die vital-physische Ebene

Das erste Stadium ist das der rein physisch bestimmten Bewusstseinsebene. Gebser bezeichnet diese Periode als archaisches und magisches Bewusstsein. In diesem Stadium der menschheitlichen

Entwicklung wird mehr oder weniger nur die materielle Welt anerkannt und geschätzt. Noch lebt der Mensch in engem Naturverbund und kann einen Unterschied zwischen sich und einer von ihm getrennten materiellen Naturwelt nicht anerkennen. Ganz im Gegenteil identifiziert er sich vielmehr mit der ihn umgebenden Natur und findet seine Befriedigung in rein physischen Vergnügungen und Betätigungen. Dieses Stadium gilt gleichsam auch für die Entwicklung jedes einzelnen Menschen und entspricht der ersten Lebensphase des Kleinstkindes.

Im ersten Stadium sucht der Mensch seine Befriedigung darin, dass er fast automatisch auf die physischen Instinkte reagiert, wie Fortpflanzung, Ernährung und Wärme. Die animalische Natur wird zum bestimmenden Mittelpunkt aller Bestrebungen, um quasi ein Gefühl der Vereinigung mit der Natur hervorzurufen. Der Mensch ist seinem Bewusstsein nach völlig beherrscht durch das, was ihm begehrenswert erscheint und was er in all seinen Beziehungen triebhaft empfindet, weil seine Seele vorerst noch schläft. Eine vorübergehende, physische Einswerdung findet lediglich im Koitus statt. Sein Leben wird allein durch das bestimmt, was er an körperlichem Wohlbehagen verlangt und was ihm Sicherheit verschafft. Diese dominant physische Bestimmung ist ihrem Wesen nach Vitalität, Temperament oder Antriebskraft, also im Grunde die Energie des Menschen, wie sie normalerweise naturhaft aktiv in Erscheinung tritt. Das ist bis heute für viele Menschen noch immer der Normalzustand in ihrem Leben. Eine weitere Befriedigung und das Gefühl des Geborgenseins sucht der Mensch im Bestreben nach materiellem Besitz. Darin fühlt sich der Mensch geborgen und heimisch und kann die Wahrnehmung eines möglichen Dualismus, die sich zwar von Tag zu Tag stärker bemerkbar macht, aber noch in der Zukunft liegt, vergessen und weiterhin ignorieren. Nach Gebser ist das der Übergang vom archaischen Bewusstsein zur magischen 2. Phase und entspricht in der Entwicklung jedes einzelnen Menschen der frühen Kindheit.

Die astrale Ebene

Das 2. Stadium ist charakterisiert durch den Beginn bewusster Emotionen und Gefühle. Das bedeutet, dass von da an der „Astralbereich" bewusst aktualisiert und zur eigentlichen Bewusstseinsebene für die Auseinandersetzungen mit den „Gegensatzpaaren" in der dualen Welt wird. Das Problem in dieser Phase liegt im Erkennen der Zweiheit und der damit verbundenen und implizierten Verblendungen. Zwar mühen sich z.B. die Menschen in den Entwicklungsländern noch immer mit den Anforderungen der 1. Phase auf der physischen Ebene ab, doch scheint die Zeit auf der Erde allgemein für eine Weiterentwicklung reif zu sein, so dass auch diese Menschen in eine höhere Bewusstseinsebene gelangen werden. Dies geschieht deshalb heute in beschleunigtem Maß, ist indes noch immer ein langwieriger Vorgang, weil das Bewusstsein auch auf dieser 2. Stufe noch nicht das intelligente Gewahrsein eines denkenden Menschen erreicht hat. Noch ist es das blinde Bewusstsein des physisch bestimmten Menschen im Zusammenwirken mit den eigentlichen Naturkräften. Allein hierin liegt auch das heute noch immer kaum zu lösende Problem der weltweiten „Entwicklungshilfe", weil man fälschlicherweise mit den Maßstäben von Hochzivilisationen an diese Fragen herangeht.

Nach erreichter Lösung der Anforderungen auf der physischen Ebene sieht sich der Mensch erneut vor ein Problem gestellt, das bis in die Gegenwart noch immer aktuell ist: Die Überwindung jener emotional bestimmten Gegensatzpaare, aus denen sich bis heute die intensive Gefühlsbestimmung und das oft so verzweifelte Suchen nach Erleuchtung erklären lassen. Denn in dieser Bewusstseinsphase entsteht erstmalig eine spirituelle Einstellung zur Wahrheit, und der subtile innere Mensch macht sich allmählich geltend. Der Mensch ist von nun an in allen seinen Bewusstseinsbereichen viel deutlicher eingestellt, weil sein Denkvermögen bereits erwacht ist. Die bis dahin erreichte Integration auf der physischen Ebene mit allen ihren Folgeerscheinungen (Erkennen der Dualität und Erfassen von Wirklichkeit im Erschauen eines realen Zieles) schafft im Menschen vorübergehend das sichere Gefühl von einer Errungenschaft und Gewissheit, trägt aber zugleich auch dazu bei, die Menschen in ihrer neuen Überzeugung und Schicksalsbestimmung zu verblenden. Blind, ungestüm und rücksichtslos wie ein Pubertierender stürmt man dahin, um sich plötzlich und unerwartet vor neue wechselnde Bedingungen gestellt zu sehen: Die Gegensatzpaare auf der Astralebene treten dem Menschen von nun an entgegen, und das bisherige scheinbare Gefühl eines erreichten Eins-Seins, wenngleich auf einer niederen Stufe, ferner das dabei errungene neue Zielbewusstsein und die sichere und oft selbstgefällige Genugtuung verschwinden, und die bereits erreichten alten Orientierungen gehen im Nebel der Verblendungen der Astralebene verloren.

In diesem Stadium entdeckt der Mensch das Du und empfindet lebhaft die Tatsache, dass er selbst und alle anderen Menschen Opfer von bisher unbekannten Kräften und Energien sind, über die sie keine Macht mehr haben und von denen sie hin und her getrieben werden. Vor allem sind es die Kräfte und Energien im eigenen Innern, die man nicht beherrscht und die einen oft zwingen, etwas zu tun, was man gar nicht wollte, und einen so zum Opfer seines Handelns machen. Der Mensch entdeckt ferner seinen Vitalkörper als Kontakt-Instrument auf der physischen Ebene und den Ätherkörper als das Instrument, um mit den inneren Kräften, Energien und Welten in Verbindung zu kommen. Dieses 2. Stadium bereitet sowohl dem Einzelmenschen als auch der gesamten Menschheit erhebliche Schwierigkeiten, weil auch die heutigen Menschen immer noch wenig von der wahren Wirklichkeit wissen, die unter der sie umgebenden Hülle wirkt.

Alle Spannungen in der heutigen Welt beruhen auf der Tatsache, dass physische Kräfte und astrale Energien im Leben aneinander geraten sind, um in der Welt als Verblendungen in Erscheinung zu treten. Erst wenn dieser Konflikt erfolgreich ausgekämpft ist, ermöglicht das den Menschen als Individuen die Überwindung der Dualität. Und das bedeutet: über ERKENNEN die Verblendungsnebel der Astralwelt zu zerstreuen. Man sollte sich dabei aber nicht täuschen, in dem man glaubt, eine Lösung bereits dadurch gefunden zu haben, dass man sagt:„jetzt verstehe ich", während man in Wirklichkeit bloß auf eine selbstverständliche Binsenwahrheit reagiert und es bei dieser Aussage einfach belässt. Erst wenn man auch wirklich mit dem erkennenden Verstehen ernst macht, indem man sich über ein Begreifen auch um die Umsetzung des Begriffenen bemüht, findet man den Übergang zum nächst höheren Stadium. Diese geschilderte 2. Phase bezeichnet Gebser als *mythologisches Bewusstsein"* und er charakterisiert diesen Entwicklungsstand im Einzelmenschen als das Ende der Kindheit und den Übergang zur *Pubertät.*

Die mentale Ebene

Im 3. Stadium der Entwicklung befinden sich bereits dominant mental bestimmte Menschen aus den Reihen derer, die begonnen haben, aus dem Bann der astralen Illusionen und Verblendungen herauszutreten, und die für die Stimme der Stille und die Anforderungen der Seele empfänglich geworden sind. Es ist das Stadium, in welchem der intelligente, denkende Mensch lernen muss, zwischen der Realität und der dahinter verborgenen Wahrheit, zwischen Wissen und Weisheit, zwischen Erkenntnis und Illusion zu unterscheiden. Dank des erreichten mentalen Bewusstseins kann man sich ab jetzt ernsthaft um die Überwindung der „astralen Illusionen" bemühen. Illusionen sind zwar selbst auch mentale Eigenschaften, die jedoch alle bisherigen Denkgewohnheiten eintrübten und so zur Verblendung durch irrige Auslegungen und Missverstehen von Ideen und Gedanken führten. Noch ist man zwar überzeugt, dass für die Überwindung solcher Verblendungen allein Entschlossenheit und Urteilskraft des Denkens notwendig seien, ist sich aber meist über die möglichen Auswirkungen nicht völlig klar, weil man selbst noch immer das so genannte *Verwirrungsstadium der Erfahrung durchläuft und persönlichen und geistigen Verblendungen unterliegt.*

Diejenigen, die sich aus diesem Zustand herausgearbeitet haben und ihr Problem allmählich erkennen, sehen die Problematik der

Gegensatzpaare ganz klar vor Augen und treten in das höchste Erkenntnisstadium ein. Sie sehen nun, dass Gott in allen Gestalten die innewohnende Wirklichkeit ist. Darüber kommen sie zu dem Entschluss, den weiteren Kampf und die Führung ihrem „inneren Krieger", der Seele, zu überlassen. Auch am Ende dieses Stadiums erfährt man wiederum ein Gefühl des Einsseins, was auf der Entfaltung der Intuition beruht, die ein unfehlbares Instrument für alle kritischen Unterscheidungen ist. Die Wahrnehmung ist nicht mehr so eingetrübt, wird klarer und von Verblendung frei, und man unterliegt nicht mehr ständigen Täuschungen, falschen Identifizierungen und irriger Auslegung alles Empfangenen. Denn ab jetzt erfolgt jener Bewusstseinsübergang, welcher das Ziel und die Aufgabe der gesamten Menschheit im nun folgenden Äon sein wird. Am Ende dieser Phase erfolgt im Bewusstsein auch die völlige Auflösung der trennenden Dualität, indem sich die Seele, der wahre geistige Mensch, mit dem persönlichen Ich vereint und das Ich sich nicht länger mit den Gegensätzen identifiziert.

Zusammenfassend kann man feststellen, dass am Ende eines jeden Bewusstseinsstadiums der Mensch zu einer relativen Einheit gelangt und dass jedes partielle Einheitsgefühl auf den unterschiedlichen Bewusstseinsstufen immer wieder durch ein erneutes Erkennen der Dualität auf einer höheren Bewusstseinsdimension abgelöst wird, wobei man feststellt, dass dieses vorübergehende Einheitsgefühl des Friedens nur ein scheinbares ist. Denn das Gewahrsein einer Spaltung ist selber eine Illusion und eine Art von Verblendung, die dadurch zustande kommt, dass sie auf der illusorischen Identifizierung mit dem beruht, was nicht das Selbst oder die Seele ist. Das Problem kann erst dadurch vollständig gelöst werden, dass das Bewusstsein sich nicht mehr mit den niederen Erfahrungsformen, sondern mit dem wirklichen und wahren Menschen identifiziert. Das bedeutet: Dann, wenn Menschen die Evolutionsstufe erreichen, auf der sie sich mit ihrem höheren Aspekt, der Seele, identifizieren und dann Seelenenergie empfangen können, um die niederen Kräfte der Persönlichkeit unwirksam zu machen, zu unterwerfen und zu beherrschen, dann wird es möglich und sogar unvermeidlich sein, dass Abhilfe stattfindet. Wenn also die Zeit kommt, dass eine große Anzahl von Menschen den Verblendungszustand der Welt erkennt, dann wird es zu einem energischen Angriff auf die Weltverblendung kommen, wodurch „eine Bresche" geschlagen wird, die endlich das Licht der Erkenntnis hereinlässt.

Das heutige psychologische Problem wird durch die Tatsache erschwert, dass in der gegenwärtigen Epoche eine Synthese aller Verblendungen der drei Bewusstseinsstadien stattfindet. Gemeinsam mit der alles tragenden Vitalität, der astralen Verblendung und den subjektiven Einflüssen mentaler Illusionen treten diese drei Einflüsse gleichzeitig aktiv in Erscheinung. Es ist ein geschlossenes Ganzes, eine belebte Bewusstseinsform, in der sich mentale Kraft, astrale Kraft und vitale Energie verkörpern. Dabei kann es leicht zu jenem gedankenlosen Gefühlswirrwarr kommen, welches für die meisten Menschen allem Anschein nach der Normalzustand im Leben ist.

Nur wenn man lernt, sein Denken *stetig im reinen Licht der Seele* festzuhalten, um die Einstrahlungen von der Seele her zu empfangen, können Verblendungen unterschieden und ihrem Wesen nach erkannt werden. Allein durch Intuition lassen sich Illusionen überwinden und können zum Verschwinden gebracht werden. Vorerst muss man aber über eine konsequente und absolut ehrliche **Selbsterkenntnis** lernen, von welcher der drei Bewusstseinsebenen man selbst am stärksten bestimmt wird, um herauszufinden, welche Umstände in der Umgebung und in der eigenen Verfassung dabei die größten Schwierigkeiten verursachen. Erst danach kann man eine Methode wählen, wie die obwaltenden Verwirrungen, falschen Wertmaßstäbe und Täuschungen am wirksamsten zu überwinden sind. Denn es sind gerade die entstellenden gedanklichen Einflüsse im Innern jedes einzelnen Menschen, die zur Verblendung führen und am stärksten auf die Illusionen in der Außenwelt hinweisen. Deshalb ist es notwendig, dass jeder für sich und an sich selbst arbeitet und lernt, jene Klarheit und Wahrheit zu schaffen, jene so tief eingefleischten Gewohnheiten zu überwinden und zu einer reinigenden Läuterung zu führen. Jeder muss zunächst einmal sein eigenes Sonderproblem feststellen, zu welchem Typus er gehört und welcher dominante Aspekt der für ihn beherrschende ist. Das ist die missliche Lage, in der sich auch so viele „wohlmeinende Gefühlsmenschen" („*Der gute Mensch von Sezuan*", Bert Brecht) befinden. Die wahre Erkenntnis ist schwierig und heute das Hauptproblem im täglichen Leben geworden, weil die Mehrzahl der Menschen sich überwiegend nur von ihren Gefühlen bestimmen lässt.

VERBLENDUNGEN DER DREI BEWUSSTSEINSEBENEN

Verblendungen, die auf der vital-physischen Ebene gründen

Die Verblendungen dieser Bewusstseinsebene rühren von den Einflüssen der die Menschen umgebenden Natur, der Maya, her. Sie sind die grundlegende und tragende Basis für alle späteren und daraus folgenden Illusionen, weil dieses „Kampfgebiet" im Leben eines jeden Menschen zuerst alle Aspekte seiner eigenen Natur umfasst. Der ganze Mensch wird davon in Anspruch genommen, und es bedarf großer Anstrengungen, um Mittel und Wege zu finden, sich von den „Krafteinflüssen der physischen Ebene" freizumachen. Die Welt der Maya ist vor allem deshalb ein so allumfassendes Problem, weil „Maya" sich primär auf die eigenen Körperkräfte bezieht, mit denen sich ein Mensch absolut identifiziert. Sie rufen im Menschen Reaktionen oder Wirkungen hervor, die zwar von ihm erwünscht, aber ebenso für ihn auch vernichtend sein können. Auf jeden Fall sind diese Energien schwer zu kontrollieren und disziplinieren. Es sind jene unkontrollierten ziellosen Impulse und Triebe, die von der in der Natur selbst schlummernden Kraft herrühren. Sie reißen einen Menschen zu unerwünschter Betätigung mit sich fort und umgeben ihn mit einem Strudel von Emotionen und Zuständen, gegen die er meist hilflos ist. Er ist dann das Opfer jener Kräfte, die in seiner animalischen Natur verborgen liegen.

Auf dieser Bewusstseinsebene befindet sich der Mensch im „1. Haus" der von Therese von Avila beschriebenen „Inneren Burg", in der die Glaubenseinstellungen der Menschen in einer Art Stufenleiter aufgelistet sind. Als Motto dieses 1. Hauses werden drei Voraussetzungen genannt: *Selbsterkenntnis, Gebet, Nächstenliebe.*

1. Im ersten Haus wissen die Menschen wenig von ihrer Seele. Alle ihre Bemühungen sind auf die rohe äußere Einfassung, auf die „Fassade und die Mauern" unserer Burg gerichtet.

2. Aber nur in den innersten Räumen spricht die Seele mit Gott – wir sind darum aufgefordert, der Seele in diese Innenräume zu folgen.

*3. Die Tür nach Innen ist das **Gebet** und die ständige Betrachtung der „dunklen Mauern", was der **Selbsterkenntnis** dient, über die allein man den Weg zu den Innenräumen, zum „Lichtkern" findet. Konsequente Selbsterkenntnis führt zur **Demut**.*

4. Denn nur über die Demut ist die Suche nach Gott möglich. Sich selbst erkennen, heißt Gott suchen und nicht bei der Betrachtung des eigenen Elends stehen bleiben. Wahre Selbsterkenntnis ist darum die einzige Möglichkeit, die erste Wohnung verlassen zu können.

5. Auf dieser ersten Stufe braucht der Mensch noch sehr viel Zuflucht zu Gott, d.h. er bittet um Barmherzigkeit, weil alle Bilder (Vorstellungen) dieser ersten Stufe sehr armselig sind.

6. Der Lichtkern wird darum noch überhaupt nicht wahrgenommen. Man spürt das eigene Licht noch nicht, weil die äußeren Leidenschaften zu stark sind. Sie verstellen den Zugang zum Lichtkern, was zur Folge hat, gegenüber allen Versuchungen ständig zu versagen.

*7. Die einzige Möglichkeit, Gott zu suchen, liegt in der **Nächstenliebe** – die gegenseitige Liebe ist hier das wichtigste.*

Auf der physischen Ebene haben wir es mit zwei Gegensätzen zu tun: Mit den physischen Kräften der eigenen subjektiv erlebten Welt und den uralten Energien der Natur selbst. Auf dieser unteren Bewusstseinsebene ist das wahrnehmende Erleben im Frühstadium der Menschheit noch sehr vordergründig auf die naturbedingten Fakten gerichtet. Es handelt sich also bei fast allen Aktivitäten der Menschen eher um ein reines Registrieren und Reagieren, und darum sind vorerst Begriffe wie Verblendung oder Illusion im strengen Sinne noch nicht anwendbar. In diesem Stadium probieren die Menschen noch, sich den Anforderungen der sie umgebenden Natur in mehr oder weniger spontanen Aktionen anzupassen. Wir haben es noch mit keinem echten reflektierenden Begreifen, sondern eher mit einem naiven Ergreifen der Welt im Sinne des Prinzips von Trial and Error zu tun, so dass man weniger von Verblendungen sprechen kann, sondern eher von Täuschungen, falschen Einschätzungen der eigenen Kräfte und Korrekturen lediglich bei Fehlschlägen. Noch ist das Erleben einschichtig, vordergründig und ohne doppeldeutige Verstellungen durch subjektiv motivierte Bewertungen. Darum ist es verständlich, dass auf dieser Entwicklungsstufe zum Schutz und als primäre Abwehr von Fehlschlägen oder Anfechtungen physische Disziplinen wie Abstinenz, Zölibat, vegetarische Kost, Körperhygiene oder Leibesübungen eingesetzt werden. Denn unter dem Gegenteil von physischer Enthaltsamkeit versteht man gewöhnlich Ausschweifung oder zügellose Sinnenlust, die reine Vergeudung der Lebensenergien ist, was zu einer Schwächung des physischen Körpers führt. Ein zügelloser von Lust und Süchten verblendeter Mensch kann darum auch oft den niederen Begierden nicht widerstehen und verliert seine Kontrolle und Selbstbeherrschung, weil er nicht auf die Erhaltung seiner Energie geachtet hat.

Erhaltung der Energie ist als ein permanenter Umwandlungsprozess das Grundprinzip im Universum. Auf den Menschen angewandt ist es die Umwandlung des Vitalprinzips in seine dynamische Manifestation. Eine enthaltsame Lebensweise erhält und konzentriert nun die Energie durch eine bewusste Umwandlung auf eine spirituelle

Bewusstseinsebene. So wird die Energie, die in den niederen Lebensbereichen nur vergeudet wird, in schöpferisches Denken umgewandelt. Die Beherrschung der Physis ist daher ein unerlässliches Erfordernis, um die Energieströme im Körper in Ruhe und Harmonie und den ganzen niederen Menschen in einen Zustand empfänglichen Wartens zu bringen und so eine Öffnung für das Einströmen neuer und höherer Schwingungsfrequenzen zu ermöglichen, die dann auf der mentalen Ebene im Menschen ganz bestimmte Veränderungen hervorrufen.

Neben dieser generellen Beherrschung der Physis sollten alle übertriebenen und damit falsch angebrachten körperlichen Aktivitäten vermieden werden. Jeder innere Unruhezustand wirkt sich als intensiver Aktionismus und heftiges Suchen nach Lösungen aus, wofür gegenwärtig alle die vielen aggressiven und verspannten Bemühungen in der Welt so charakteristisch sind. Diese innere Unruhe ruft durch eine falsche Lenkung der Energieströme Verblendung hervor und ist die Ursache der meisten physischen Erkrankungen. Für die Lösung dieses Problems böte sich an, sich innerlich mehr auf eine rhythmische Lebensweise zu konzentrieren, um sich auf eine harmonische Angleichung der feinstofflichen Körper mit dem physischen Körper einzustellen. Denn die Hauptaufgabe des Ätherkörpers ist es, als Anreger und Energiespender des dichten physischen Körpers zu wirken, der selbst kein unabhängiges Dasein hat, sondern nur in dem Maß tätig ist, wie er vom Ätherkörper beeinflusst und angetrieben wird. Der Schlüssel zum richtigen Reagieren liegt also in der Fähigkeit, den physischen Körper in rhythmische Übereinstimmung mit dem Ätherkörper zu bringen, was z.B. durch ruhiges, gleichmäßiges „Einatmen und Ausatmen" von PRANA sehr erleichtert wird (Atem-Yoga). Prana ist nicht Atem, wenn es auch meistens so übersetzt wird, sondern die Gesamtheit kosmischer Energie, die in einem jeden Körper vorhanden ist.

Alle diese Selbstdisziplinierungen des Körpers und die damit verbundene Reinigung und Läuterung sind Voraussetzungen, um überhaupt den Weg nach Innen beginnen zu können. Insofern kann dieser Läuterungsprozess auf der physischen Ebene als eine Art Vorbereitung auf dem eigentlichen Weg nach Innen verstanden werden. Über die Beherrschung des eigenen Körpers wird man sich seines Daseins selbst bewusst, was bereits in den frühen Ansätzen der Menschheit zu beobachten ist und einen Ausdruck in Körperpflege, körperlichen Disziplinen und athletischen Wettkämpfen findet. Zur Erweckung und Entfaltung dieser Lebensenergieströme bietet sich in dieser ersten Entwicklungsphase der Hatha-Yoga an, um gewisse Voraussetzungen für ein späteres Stadium der Meditation zu schaffen. Hatha-Yoga ist eine Vorbereitungsstufe für den Pfad der Läuterung; denn physische Koordinierung ist eine der ersten Maßnahmen zur richtigen Behandlung, weil nur darüber die Triebkräfte des Lebens diszipliniert und kontrolliert werden können, um für den eigentlichen Kampf auf einer höheren Bewusstseinsstufe bereit zu sein.

Das Tierreich bietet übrigens einen interessanten Ausblick hinsichtlich dieses „Kampfes" mit den Gegensätzen auf der niederen animalischen Bewusstseinsspirale, wo es sich um die physischen Bedingungen und die damit verbundenen Aspekte handelt. So fungieren Menschen z.B. als Vermittler einer Disziplinierung bei Haustieren, die sich menschlicher Kontrolle anzupassen gezwungen sind, und dabei (wenn auch unbewusst) mit dem Problem dieses niederen Gegensatzpaares kämpfen. Der Kampf wird vermittels des physischen Körpers und der bereits ansatzartig vorhandenen ätherischen Kräfte ausgefochten, wodurch ein höheres Streben zum Ausdruck gebracht wird. Dieser Vorgang ruft in den Geschöpfen eine Art Vorahnung hervor, die wir „Individualisierung" nennen könnten, wobei ein Keim zur späteren Persönlichkeit beim Menschen gelegt wird. Allerdings kommt erst auf der menschlichen Ebene dieser höhere Aspekt der Seele allmählich zur Vorherrschaft und leitet den Gewissenskampf zwischen Versuchung, Verblendung und Selbsterkenntnis ein, der das Leben der Menschen ab der zweiten Ebene bestimmt.

Es geht also auf der physischen Ebene primär um Disziplinierung, Kontrolle und Koordinierung der Kräfte und Energien der vitalen Basis, und es handelt sich dabei um eine Loslösung von Verhaftungen an subjektive Wertvorstellungen physischer Zustände und den daraus herrührenden Verhaltensformen wie Verblendungen der eignen physischen Stärke, der persönlichen Anziehungskraft, aber auch um alle Befürchtungen durch lebensbedrohende Zustände. Lersch spricht in diesem Zusammenhang von „Antriebserlebnissen des lebendigen Daseins", Strebungen, die sich in Bewegungs- und Tätigkeitsdrang, Genussstreben, Sexualität, Selbsterhaltungstrieb, Geltungssucht oder Wille zur Macht manifestieren. Alle diese Antriebserlebnisse sind auf die Teilhabe an der Welt abgestimmt, und zwar im Sinne des Besitzens und Für- sich Habenwollens. Darin eingeschlossen sind auch alle sozialen mitmenschlichen Verhaltensformen wie Füreinandersein, Helfersyndrom, Bemächtigung, Rücksichtslosigkeit, Rohheit, Brutalität, Rache oder Vergeltungsdrang.

Hildegard von Bingen vermerkt dazu: *„Der Mensch steht von Natur aus mitten in einer konkreten Welt und unterliegt damit ihren Gesetzen und natürlichen Einflüssen. Er nimmt zwar die äußere Welt lebenslänglich in sich auf und filtert alle Angebote über seine leibhaftige, erkennende und erlebende Partnerschaft zur Welt durch, wirkt aber auch von sich aus aktiv, vorsorgend, eingreifend, planend in die Welt hinein und gestaltet dadurch letztlich das Universum mit."* Der Mensch ist also mitverantwortlich für die Entwicklung im Kosmos und wird darum von Hildegard geradezu das *Inbild der Schöpfung* genannt. Aus diesem Grundgedanken, der weit über ein naturalistisches Verständnis hinausgeht, erfährt das Sein des Menschen erst einen Sinn. In diesem Zusammenhang bezeichnet Hildegard alle Untugenden oder Verblendungen als „ungeordnetes Wollen" das seinen stärksten Ausdruck im *„Begehren als Anhangen an Objekten, die Wohlgefühle schaffen"* findet. Begehren gründet bekanntlich in den Trieben des Vitalgrundes oder in den „Strebungen des lebendigen Daseins". Diese können nur überwunden werden über erkennendes richtiges Wahrnehmen, ständiges Kontrollieren und konsequentes Beherrschen, denn ein solches

„ungeordnetes Wollen" ist immer zugleich mit einem Entzug des Menschen aus seiner Verantwortlichkeit verbunden. Hildegard sieht darin eine Art Ausweichen vor Grundfragen, Halbheiten in der Haltung, das Sich- nicht Einfügen in die harte Lebensordnung, so wie eine Flucht vor Entscheidungen.

Diese Verantwortlichkeit führt bereits in den höheren, darüber befindlichen Bewusstseinsbereich, den *Astralbereich* oder Gefühlsbereich mit allen seinen Verblendungen und gegensätzlichen Motivationen hinein. Jetzt ist die Selbsterkenntnis als Voraussetzung zur Überwindung dieser Probleme angesagt. Dieser Weg der Selbsterkenntnis und der Läuterung ist bekanntlich immer mit Leid verbunden, und gemäß dem dialogischen Prinzip im Universum verwendet auch Hildegard am Anfang ihrer Schrift[12] den Begriff „Virtus" in seiner doppelsinnigen Bedeutung: Gottes Kraft und Gnade in der vertikalen Einströmung und als menschliche Erkenntnis und Tugend im sittlichen Handeln im Sinne seiner horizontalen Bewusstseinsschiene: Innerhalb dieses Fadenkreuzes steht der Mensch. Dieses 2. Stadium entspricht dem 2. Haus der „Inneren Burg".

Verblendungen auf der Astralebene

Erst wenn der Mensch eine neue geistige Einstellung zur Wahrheit annimmt und seine ersten Schritte nach Innen hin unternehmen kann, macht sich auch allmählich der innere, subtile Mensch geltend. Das bereitet sowohl dem Einzelmenschen als auch der gesamten Menschheit erhebliche Schwierigkeiten; denn *die Menschen wissen immer noch wenig von der wahren Wirklichkeit, die unter der sie umgebenden Hülle leuchtet* (Alice Bailey), was die echte Erkenntnis so schwierig und anfangs nahezu unmöglich macht.

---

[12] Hildegard von Bingen, „Der Mensch in der Verantwortung"

Im bisher physisch-vital bestimmten ersten Bewusstseinsstadium ging es primär um die Beherrschung und Koordinierung aller physischen Energien und Kräfte, wobei das Hauptziel aller Bemühungen die Überwindung der Verblendungen war, die durch Begehren entstanden. In dieser Phase war die Doppelpoligkeit im Leben noch nicht das größte Problem, weil sich der Mensch in diesem Stadium noch mit der Natur mehr oder weniger im Einklang befand. Mit der Weiterentwicklung und Ausprägung der Gefühle und der damit verbundenen Wertung des Erlebten wird das Hauptziel aller Auseinandersetzungen auf der astralen Bewusstseinsebene die „Ausmerzung des Wünschens" und der damit verbundenen Illusionen. Gegenpol jeder Illusion ist die Intuition. Eine intuitive Empfänglichkeit für die Wahrheit stellt sich aber erst ein, wenn man auf dem inneren Weg zur Wahrheit gelangt ist, weil die Intuition erst dann ihr Vorhandensein geltend machen kann, wenn die Verblendungen den niederen Menschen nicht länger in Fesseln halten und wenn seine niederen Wollungen, Bestrebungen und Begehrungen nicht mehr zwischen sein Ego und die Seele treten können. *Symbolisch könnte man sagen, dass der planetarische Astralkörper der Erde in tiefem Nebel solcher Verblendungen versunken zu sein scheint und von einer Stärke und Dichte ist, die ihn nicht nur undurchdringlich erscheinen lässt, sondern die Menschen auch alles verunstaltet und verzerrt sehen lässt* (Alice Bailey), „... *denn sie wissen nicht, was sie tun!"* Noch wissen die meisten nicht, sich aus diesen Nebelhüllen selbst zu befreien. Um das zu erreichen, sollen hier einige grundlegende Hinweise zum Verständnis der Ursachen astraler Verblendungen aufgelistet werden. Astrale Verblendungen sind allgemein gesprochen das Ergebnis folgender Ursachen:

Primär ist es die eigene Vergangenheit mit ihrem irrtümlichen Denken, ihren selbstsüchtigen Wünschen und ihrer Missdeutung aller Lebensabsichten. Die daraus entstandenen Prägungen, Neigungen und Charaktereigenschaften führen zu Verhaftungen an irdische Aufgaben und tradierte Wertvorstellungen und damit verbunden zu eingewurzelten Wünschen, aus denen ein mächtiges Bestreben entspringt, das menschliche Bewusstsein auf der Astralebene festzuhalten. Solch ein Verblendungsbegriff ist z.B. der des Geldes und seines materiellen Wertes. Dieser eitle Wunsch gleicht einem dichten, weitverbreiteten Nebel, der das Erschauen der Wahrheit unterbindet und eine sehr große Anzahl menschlicher Werte verdreht. Solange jedoch für den tieferen Sinn des Lebens kein Verständnis besteht, so wie die Seele ihn erschaut, bleibt man in dieser Verblendung stecken, und ein Verstehen ist erst dann möglich, wenn im Bewusstsein die Selbsterkenntnis eine bestimmte alles integrierende Gestalt anzunehmen beginnt.

Diesen „Nebel" der Verblendung, welcher die Menschheit quasi umhüllt, muss man als einen Zustand von greifbarer Wirklichkeit erkennen und dementsprechend auch so behandeln. Denn es geht dabei nicht nur um das Überwinden und Durchschauen der von der Welt vorgegebenen Situationen und Gestalten, sondern um eine wirkliche Transparenz einer materiellen, allumfassenden Substanz. Als materiell muss diese im gleichen Sinn verstanden werden, wie auch Gedankenformen substantielle Dinge sind, weil auch sie als Formgestalten ihr eigenes Leben führen und bestimmen. Gedankenformen sind dynamisch, eindringlich, klar umrissen und abgegrenzt. Astrale Verblendungen dagegen sind lastend, und unbestimmt verdunkelt. Man versinkt in ihnen wie in einem Ozean oder in einem „Nebelmeer", wo hingegen man Gedanken begegnet und sie ins Auge fasst, aber nicht darin versinkt. Den astralen Gefühlsbereich muss man als Bestandteil der allgemeinen Weltverblendung der Menschheit sehen, weshalb der einzelne Mensch oft zwischen seinen eigenen subjektiv bedingten Verblendungen und den allgemeinen Weltverblendungen, die ihn beeinflussen und ihn überschwemmen, nur schwer unterscheiden kann.

Astrale Verblendung ist immer das Resultat menschlicher Wunschbetätigung und ein Teil der natürlichen Vitalenergie eines jeden Menschen und wirkt immer in Richtung des geringsten Widerstandes. Als mitbestimmender Aspekt der realen Wirklichkeit erschwert das die

Erkenntnis und die Unterscheidungsmöglichkeit, nämlich klar darüber nachzudenken. Das betrifft exakt die mittelalterlichen Aufforderungen nach einer „discretio", jener Unterscheidungsgabe zwischen horizontalem Geschehen und vertikalem Verstehen. Das gilt auch heute noch für alle Menschen, weil die Energie der Astralebene, die sich im Gefühlsleben der Menschheit ausdrückt, die hauptsächlichen Verblendungen der Menschheit hervorruft, die nur dadurch zerstreut und vertrieben werden können, dass eine höhere Energie eines seelisch beeinflussten Denkens, nämlich durch wahre Erkenntnis, gegen sie eingesetzt wird. Nach den Häusern von Therese wäre hierin der Übergang vom 2. zum 3. Haus zu verstehen.

2. Haus – Motto: *Höchste Tugend ist hier die* **Beharrlichkeit** (Ausdauer)

Ab dem zweiten Haus ist bereits das innere Gebet möglich, weil diese Menschen schon Erkenntnisse haben und darum mehr leiden als die Bewohner des ersten Hauses, die dafür zu stumpf und grob sind. Jetzt glauben sie bereits an Gott, fallen aber oft noch den Versuchungen der Welt zum Opfer und frönen ihren Leidenschaften.

Ausdauer ist notwendig, weil der Glaube von diesen Menschen noch sehr leblos ist. Auch können die Seelen auf dieser Stufe noch nicht mit dem Trost Gottes rechnen, sondern ganz im Gegenteil: Sie müssen an ihren Leiden erstarken und werden aufgefordert, Gottes Willen zu folgen ohne Trost und Sicherheit. Vor allem müssen sie hart gegen jeden **Zweifel** *angehen, denn nur so kann ein wirklich starkes Fundament gelegt werden, wobei die Versuchungen als Prüfungen notwendig sind.*

Alle diese astralen Verblendungen, welche die Menschheit im Bann halten, lassen sich auch in den im „Enneagramm"[13] beschriebenen neun „Typen" wiederfinden. Darin werden die Verblendungen als „Wurzelsünden" bezeichnet, womit emotionale Zwänge oder Fehlhal-

---

[13] Richard Rohr, Andreas Ebert, „Das Enneagramm. Die 9 Gesichter der Seele"

tungen gemeint sind. *„Sünde bedeutet Trennung oder Zielverfehlung. Dabei versprechen die neun Sünden Lebenssteigerung, bewirken aber in Wirklichkeit genau das, was sie verhindern wollen: Einsamkeit, Sinnlosigkeit, Leere. Sie trennen uns von Gott, von unseren Mitmenschen, von der Schöpfung und zutiefst auch von uns selbst."*

Man kann folgende astrale Verblendungen unterscheiden:

1. Verblendungen materieller Interessen (Enneagramm-Typen 3, 5, 8: Lüge, Ehrgeiz, Macht)
2. Verblendung der Hingabe (Typ 2: Fürsorge)
3. Verblendungen der Gefühle (Typen 4, 7, 9: Neid, Unmäßigkeit, Faulheit)
4. Verblendung der Gegensatzpaare (Typ 6: Furcht)

1. Verblendungen durch materielle Interessen

Die „Verblendungen materieller Interessen" sind die Hauptursachen aller gegenwärtigen Bedrängnisse in der Welt, deren Wirtschaftsprobleme das Resultat davon sind. Seit altersher hat die Menschheit an dieser Verblendung ein wachsendes Interesse genommen, bis am Ende die ganze Welt in den globalisierten Rhythmus finanzieller Interessen hineingerissen worden ist. Die Folge davon ist, dass auch jeder einzelne Mensch von diesen Verblendungen der Geschäftigkeit, emsiger Plänemacherei und abwegiger fortgesetzter Manipulationen erfasst wird, was wiederum zur Verblendung der eigenen persönlichen Bedeutung, Popularität und Tüchtigkeit führt und so wiederum oft die Ursache für Verblendungen falscher Selbstaufopferung, selbstsüchtiger Selbstlosigkeit und fataler Selbstzufriedenheit ist. Bonaventura spricht in diesem Zusammenhang von einer *„dreifachen Eitelkeit der irdischen Dinge. Die Liebhaber dieser Welt durcheilen die Orte der Erde, die einen suchen Reichtum, die anderen Ehre und wieder andere Erfolg und Ruhm – aber nur mit Mühe erwerben sie ihn, mit Furcht besitzen sie ihn und unter Schmerzen geht er ihnen wieder verloren, und alles ist nur wie ein Windhauch in trockenem Stroh. Nichts ist* *sicherer in der Welt als der Tod, nichts ungewisser als seine Stunde. Weshalb begehren wir dann die zeitlichen Dinge, die wir für eine so ungewisse Zeit besitzen! Warum sind wir so verblendet und lassen uns so leicht verführen, uns in nichtigen und nutzlosen Dingen zu ergehen, anstatt Gott in der Seele zu lieben."* [14]

Im „Enneagramm" steht für diese Art einer materiellen Verblendung der Typ „Drei" als beispielhafter und eindeutiger Repräsentant. Es sind Menschen, die ihr Leben nur nach messbaren Erfolgen verstehen und darauf allein ihre gesamten Lebensenergien vergeuden. Sie stehen vor allem im wirtschaftlichen Macht- und Konkurrenzkampf, wobei es um Gewinnen und Verlieren geht. Zur Bestätigung ihrer Tüchtigkeit und Cleverness brauchen sie Bewunderung. Ganz Amerika lebt nach dem *Dogma der „Drei": „Wer sich anstrengt, kann sich hocharbeiten im kapitalistischen Leistungssystem"* [15]. Man bewundert Sieger und verachtet Verlierer. Das amerikanische „Evangelium" von Leistung, Wohlstand und Erfolg ist so dominant, dass selbst die Religion zum spirituellen Konsum umfunktioniert wird. Die Verblendung der „Drei" ist eine permanente immense Selbstüberschätzung, so dass man am Ende selbst glaubt, dass alles, was man tut, gut und richtig ist, was aber letztendlich nur zur Wurzelsünde der Täuschung oder Lüge führt. Dreier sind die geborenen Schauspieler und Blender, denn sie wissen, wie man die Massen bedienen muss und dabei noch den Spaß „am Bad in der Menge" genießen kann. Natürlich richtet sich die individuelle „Messlatte" der sich daraus ergebenden Folgerungen und Veränderungen auch immer nach der jeweiligen persönlichen Entwicklungsstufe des Bewusstseins, die der Einzelne erreicht hat. Denn jede Art von materiellem oder geistigem Besitz hat ihr eigenes Innenleben und eine eigene Ausstrahlung.

Seit jeher gab es aber auch immer einen aus der Seele kommenden Rhythmus, der von jenen erfahren und gelebt wurde, die sich von

---

[14] Bonaventura „Soliloquium" (Selbstgespräche mit der eignen Seele)
[15] Richard Rohr, Andreas Ebert, „Das Enneagramm. Die 9 Gesichter der Seele"

der Vorherrschaft materieller Forderungen, von der Knechtschaft des Geldes und vom Besitz freigemacht haben. Heute ist dieser höhere Rhythmus zwar von der niederen rhythmischen Verblendung fast völlig überdeckt, aber jene Seelen, die bereits im Licht der Befreiung stehen und auch jene, die aus den Nebeln materieller Bindungen aufwärts streben, werden heute zahlenmäßig immer stärker, um an der Zerstreuung dieser Verblendung zu arbeiten. Der Einfluss ihrer Gedanken, ihrer Worte und ihres Lebens kann und wird eine Umwandlung aller Werte zuwege bringen. Darunter sind aber nicht jene feigen „Friedenspfeifen", Ökofreaks und Globalisierungsgegner zu verstehen, die sich lediglich unerkannt hinter Lichterketten und falschen Spruchbändern verstecken.

Denn ein wirklicher Umwandlungsprozess ist nur auf der Erkenntnis einer wahren Wesensbeziehung zwischen Seele und Form oder zwischen Geist und Materie gegründet. Weil diese Entwicklung darüber hinaus noch maßgebend durch den gegenwärtigen Beginn eines neuen Bewusstseins bestimmt wird, scheinen heute die Verblendungen materieller Interessen im Bewusstsein der Menschen mehr und mehr im Rückgang begriffen zu sein. Der unersättliche Wunsch nach Besitztümern gilt zumindest heute nicht mehr als so ehrenwert wie früher; und wer sich Reichtum ersehnt, kann sich daran nicht mehr so festklammern wie in früheren Zeiten. Durch Kriege, Katastrophen und weltweite Seuchen entgleitet aller Besitz ihren Machtbefugnissen, und erst wenn Menschen mit leeren Händen dastehen, werden sie zu neuen Wertmaßstäben finden und erneut wieder das Recht erlangen, Eigentum zu besitzen. Der Mensch muss lernen, Verluste, Enttäuschungen oder Erkrankungen als Signal und als Chance zur Wandlung zu begreifen. Man muss sich dem *„Geheimnis des Kreuzes stellen, was das Geheimnis des Scheitern ist; denn Gott macht aus unseren Niederlagen seine Siege"* (Richard Rohr). Erst wenn der Mensch nichts mehr wünscht und nichts für sich selbst anstrebt, kann ihm auch die Verantwortung für materiellen Reichtum wiedergegeben werden. Sein Bewusstsein wird dann frei sein von dieser extremen Art materieller

Verblendung, die wohl auch in Zukunft als erste zum Verschwinden in der Welt bestimmt ist.

2. Verblendungen der Hingabe

Alle diese subtileren Formen astraler Einflüsse vergrößern die Macht des Wunschlebens der Menschen und halten selbst auch die Verblendungen jener „gut meinenden Menschen" in ihren mitmenschlichen Beziehungen im dichten Nebel ihrer gefühlsmäßigen Reaktionen gefangen. Gerade diese Scheinliebe, die sich hauptsächlich auf eine nebulöse Vorstellung von Liebe im sozialen Dienst bezieht und in einer falsch verstandenen Nächstenliebe („Fernstenliebe") endet, ist für so viele menschliche Beziehungen wie die zwischen Mann und Frau, zwischen Eltern und Kindern oder Reich und Arm bezeichnend. Von ihren Gefühlen verblendet und ohne viel von einer echten Seelenliebe zu wissen, die selbst frei ist und andere ebenso frei lässt, wandern sie im Dunst ihrer Gefühle umher und ziehen oft diejenigen mit hinein, denen sie zu dienen wünschen, um allein eine Erwiderung ihrer Zuneigung zu erwecken – nach dem Motto: „Ich liebe Dich, weil ich dich brauche, ich brauche dich, weil ich dich liebe!"

Dieser so „hingebungsvolle Typ" wird im Enneagramm als Typ „Zwei" sehr anschaulich beschrieben. Es sind Menschen, meist Frauen, die sich für die Bedürfnisse anderer einsetzen und dabei leicht der Verblendung eines Helfersyndroms erliegen. Sie sind gefallsüchtig und brauchen übertrieben viel Bestätigung, denn hinter diesem ständigen „Helfen wollen" ist das wahre Motiv, sich selbst auf diese Weise auszuweichen. Im Grunde genommen lieben sie sich nur selbst, und ihr scheinbarer Altruismus ist die „legitime" Form, den eigenen Egoismus auszuleben. Denn wer helfen kann, hat auch Macht. Darum ist die „Wurzelsünde" der „Zwei" auch der Stolz, und zwar der Stolz als Ausdruck eines aufgeblasenen Selbstes. Dieser Stolz ist es auch, der diesem Menschentyp eine wahre Gottesbeziehung fast unmöglich macht, weil sie „Gott" eigentlich nicht brauchen, sondern viel eher der

Meinung sind, dass allein Gott sie auf Erden brauche. Die Verblendung dabei ist, dass diese Menschen sich in ihrem überblähten Selbstgefühl als unentbehrliche Erhalter und Helfer des Lebens fühlen und darum auch von allen anderen – einschließlich Gott – Dankbarkeit erwarten. Aus diesem Bedürfnis heraus scheinen sie sich zwar oft selbst zu verleugnen, aber nur um anderen zu gefallen. Darum ist ihre unwahre „Herzensgüte" und oft aufdringliche Gefälligkeit die stärkste Verblendung für sie selbst und für andere. Es ist die zwanghafte Vorstellung, gebraucht zu werden und unentbehrlich zu sein, was aber in Wirklichkeit nur der Ausdruck von Machtokkupationen ist. Darum sind auch die Tränen der „Zweier" immer nur Tränen des Selbstmitleides und niemals Tränen der Selbsterkenntnis. So ist der im Enneagramm beschriebene Typ auch einer der eindrucksvollsten Vertreter für diese Form einer sentimentalen Verblendung der Hingabe.

Das ist auch die Ursache dafür, dass so viele praktizierende hingebungsvolle Menschen sich in ihrer Wunschwelt immer nur im Kreise drehen. Man gibt sich einer Organisation, einem Guru, einer Glaubensrichtung, einer Pflicht oder einer Verantwortung hin. Solche scheinbar idealistischen Strebungen werden mit der Zeit jedoch geradezu schädlich, weil über diese Verblendung einer nur an Idolen anhangenden Hingabe die Menschen mit in die Schwingungen der gesamten Weltverblendung hinein gesogen werden: „Beten für die Welt" als bequeme Fernstenliebe, Lichterketten zur Selbstbeweihräucherung, Friedensdemonstrationen als Bestätigung für den eignen guten Willen, um auf jene hinzuweisen, die angeblich ihren Frieden stören, und halbherziges Spenden als Betäuben und billiges Sich-Freikaufen vom eigenen schlechten Gewissen. Wenn starkes Verlangen nach mitmenschlicher Hingabe die umfassendere geistige Schau im Leben auslöscht und den Menschen auf seinen winzigen Wunschbereich einengt, innerhalb dessen er sein Bedürfnis nach Hingabe befriedigt, dann wirkt solches Wünschen nur hemmend und ist sogar gefährlich, weil die daraus entstehende Verblendung dabei noch eine so schöne Färbung annimmt. Der Mensch verliert sich dann im Hochgefühl seiner Verblendung, die sich aus selbsterzeugten Gefühlsmalereien zusammensetzt, mit denen man eigenes Wünschen und die Hingabe an selbsterwählte Ziele ausschmückt.

3. Verblendung der Gefühle

Alle dominant emotional bestimmten Menschen reagieren bekanntlich sehr leicht auf astrale Verblendungen. Es sind Gefühle der Liebebedürftigkeit, gemütvolle gute Absichten, die jedoch letztendlich nur zu einem sehr selbstsüchtigen Verantwortungsgefühl führen. Hinter diesem vorgegebenen so gefühlvollen und scheinbar alles umfassenden Verstehen versteckt sich ein Machtbewusstsein, welches jegliches echte und liebevolle Handeln zunichte macht. Denn jede astrale Verblendung verzerrt den klaren Blick und hindert den Menschen daran, jemals die Realität in ihrer wirklichen Gestalt zu sehen und ihrem wahren Wesen nach zu erkennen. In diesem Zusammenhang sollte auch das Wort „Zuneigung" auf seine wahre Bedeutung hin untersucht werden. Zuneigung ist keine Liebe. Auch Nächstenliebe ist oft nur der Wunsch, den wir durch den Einsatz unseres emotionalen Energiebereiches ausdrücken, um in Wahrheit unser schlechtes Gewissen hinter altruistischem Bestreben zu verstecken. Gerade dieses Bestreben beeinflusst alle Beziehungen und weltweiten Aktionen falschen Mitgefühls und vorgetäuschter Barmherzigkeit. Das alles hat nichts mit der spontanen Wunschlosigkeit der Seele, die nichts für sich beansprucht, zu tun. Denn leider hält diese Art der Verblendung der Gefühle auch alle „guten Menschen" dieser Welt gefangen, verwirrt sie und legt ihnen Verpflichtungen auf, die gar nicht existieren und nur ihrer Verblendung der Hingabe Vorschub leisten.

Stellvertretend für eine dieser stärksten Gefühlsverblendungen soll in diesem Zusammenhang neben den Typen 7 (Völlerei), 8 (Unkeuschheit) und 9 (Faulheit) auf den Typ „Vier" (Neid) im Enneagramm eingegangen werden. Das Leben dieses Typus ist primär von Sehnsucht und Träumen bestimmt. Solche Menschen leben in esoterischen, exzentrischen, extravaganten oder exotischen Illusionen dahin, weil sie die reale Wirklichkeit schwer ertragen können, und werden dadurch oft zur Belastung für ihre Umwelt. Sie sind es, die sich direkt im Zentrum aller astralen Verblendungen befinden. Verstrickt in ihren Illusionen wollen sie immer etwas Besonderes sein und beneiden alle, von denen sie meinen, dass sie glücklicher seien als sie selbst. Sie sind verliebt in ihre melancholische Schwermut, jene „süße Traurigkeit", die wie ein Nebel über ihrem ganzen Leben liegt. Unangepasst an das reale Leben bemühen sie sich zwar verzweifelt um Echtheit, sind aber ständig gezwungen, andere Menschen zu täuschen und sich durchs Leben zu mogeln. Ihre schillernden Gedanken und Vorstellungen laden geradezu ein, eigene Träume in das Leben hineinzuprojizieren, und die daraus folgende verblendende Unklarheit zieht nebulöse Bedürfnisse und Wünsche anderer magnetisch an. Das Problem verschärft sich weiterhin dadurch, dass ein solcher Mensch darunter leidet und mit sich selbst äußerst unzufrieden wird. Er wandert stets im Dunst, sieht nichts klar, wie es wirklich ist, lässt sich von der sichtbaren Erscheinung täuschen und vergisst dabei das, was die Erscheinung verschleiert.

Die astralen Ausstrahlungen, auf die jeder Mensch reagiert, umgeben ihn ständig von allen Seiten und verzerren und entstellen seinen Blick. Denn selbst wo Menschen mit guter Absicht ihre Verantwortung auf andere in vermeintlicher Liebe richten, bleibt jeder Wunsch ein vom Ich bestimmtes Streben. Die Liebe ist für die meisten gar keine eigentliche Liebe, sondern eine Mischung aus dem Wunsch zu lieben und dem Wunsch, geliebt zu werden, um sich demzufolge im eigenen verblendeten Innenleben wohler zu fühlen. Dabei ist die Selbstsucht derer, die selbstlos zu sein wünschen, sehr groß. Denn viele zusätzliche Gefühle sammeln sich um den Wunsch, jene liebenswürdigen und angenehmen Eigenschaften aufzuweisen, die dementsprechende Gegenbeweise in anderen Menschen hervorrufen sollen.

4. Die Verblendung der Gegensatzpaare

Das Erkennen der Dualität von hintergründigem Erscheinen und objektiv erfasster Realität führt zwangsläufig zur Überwindung der damit verbundenen Verblendungen aus dieser Polarität. Da davon alle Menschen betroffen sind, wird diese zur wichtigsten Aufgabe im nächsten Äon werden. Jean Gebser beschreibt diesen Entwicklungsschritt mit dem Eintritt in das mythologische Bewusstsein, wie folgt:

„Die mythologische Bewusstseinsstruktur beinhaltet bereits die Bewusstwerdung der Seele und damit zugleich auch der Zeitlichkeit aller Lebensprozesse. Der Mensch tritt in die Spannung einer zweidimensionalen Polarität. So wird jetzt neben der „Erde" auch der „Himmel" erkannt. Das Erfahren der Seele ist das sichtbarste Zeichen einer Bewusstwerdung des eigenen Ich, und auf dem Umweg über das Erwachen zu sich selbst erwacht auch das Du. Dem mythologischen Bewusstsein als Erfahren einer Seele entspricht ein imaginäres Wahrnehmen, weil neben dem äußerlichen Wahrnehmen auch eine Traum- und Vorstellungswelt bereits erfahren und erlebt wird."

Bei der Betrachtung der Seele innerhalb der menschlichen Bewusstseinsentwicklung darf man darum nicht beim Wachbewusstsein allein stehen bleiben, sondern muss sich außerdem auch dem Traumbewusstsein zuwenden. So wie der Mensch nach und nach gelernt hatte, sich in der Umwelt seines Wachbewusstseins zurechtzufinden, so wird er dies in der Zukunft auch mit der Welt seines Traumbewusstseins wieder erreichen müssen. Treffen wir im Wachbewusstsein ein sich mit sich selbst identifizierendes Ich an, welches sich selbst als bewirkend empfindet, so ist das Traumerleben weitgehend nicht mit dem Ich identifiziert; man empfindet sich vielmehr im Traum eher einem Geschehen ausgeliefert, welches einem widerfährt. Denn die Bedingungen des Traumbewusstseins unterliegen den Bedingungen einer anderen Dimension.

Jede Dimension ist eine Sphäre einheitlicher Gesetzmäßigkeit. Das Wachbewusstsein ist die Sphäre erkannter und damit beherrschbarer Gesetze, während das Traumbewusstsein für das Ich ein Bereich noch unerkannter Gesetze ist und eher passiv erlebt wird. Während das Wachbewusstsein von den wahrnehmenden äußeren Sinnen geprägt ist, so ist man im Traum eher einem gewahrenden Erleben einer geheimnisvollen und verschlüsselten Welt ausgeliefert. Das „Sehen" im Traum ist weniger die Perspektive eigenen Bewegens als vielmehr wie das Wahrnehmen eines Films, in dem man selbst als ruhender Pol umspielt wird. Die Auffassung von Bedeutungsinhalten erfolgt nicht mehr linear über die Sprache, sondern widerfährt einem in einer Art telepathischer Surrealität. Darum offenbart sich auch im Traum mit großer Deutlichkeit die Nicht-Kongruenz zwischen erlebendem Gewahren und einem irrealen Geschehen. Dieses im Traum nicht zur Deckung zu bringende Hin- und Herschwanken unterschiedlich irrealer Traumzustände kann man auch im Wachbewusstsein auf dem inneren Weg in abgeschwächter Form beobachten. Hier spielen sich diese Vorgänge in der Diskrepanz gegensätzlicher Gefühle ab, die zu ganz ähnlichen Verblendungen (Irritationen) wie im Traum führen können.

Dieser Prozess der „Verblendung der Gegensatzpaare" ist manchmal mit Freude und Seligkeit, manchmal mit Trübsinn und Niedergeschlagenheit gefärbt. Diese wechselnden Zustände halten jedoch immer nur solange an, wie das Gefühl tonangebend bleibt. Es schwankt zwischen mächtiger Freudigkeit, während der Mensch sich mit dem Gegenstand seiner Hingabe oder seines Strebens zu identifizieren sucht, und schwärzester Verzweiflung bei einem Gefühl des Unvermögens, wenn der Versuch misslingt – „Himmelhoch jauchzend, zu Tode betrübt". All das ist jedoch seinem Wesen und seiner Qualität nach nur reine Sinnesempfindung, hat also mit der Seele selbst nichts zu tun. Die meisten Menschen bleiben lebenslang im Gefängnis dieser Verblendung (Gefühlsturbulenzen) stecken. Das ist auch der Grund für die irrige Vorstellung vom Getrenntsein von Gott und der Welt, und sobald sich jemand mit den Gegensatzpaaren identifiziert, unterliegt er dieser Trennungs-Verblendung. Der Schlüssel dafür liegt in dem Gedanken verborgen, dass diese Verblendung das Schöpfungsgeheimnis selbst verhüllt, weil Gott selbst die Gegensatzpaare – Geist und Materie – hervorrief. Gott schuf aber zugleich auch den Erlösungsaspekt im erkennenden Bewusstsein der Seele. Diese Dreiheit der Gegensatzpaare und des edlen Mittelweges der Selbsterkenntnis ist das Spiegelbild der Tätigkeit von Geist, Seele und Körper, oder Leben, Bewusstsein und Form. Es sind die drei Aspekte der Gottnatur.

An dieser Stelle sei auf die im christlichen Abendland bekannten Angebote zur Überwindung solcher Verblendungen verwiesen. Neben Bernhard von Clairveaux und Bonaventura stellt **Hildegard von Bingen** diese Problematik an den Anfang ihrer Schrift *„Der Mensch in der Verantwortung"* (das Buch von den Lebensverdiensten). Gemäß der polarisierten Schöpfung steht jeder menschlichen Tugend bekanntlich ein Laster gegenüber. Sünden (Laster) werden psychologisch detailliert dargestellt und sind, wie bereits erwähnt, für Hildegard prinzipiell *„ungeordnetes Wollen und damit immer der Entzug des Menschen aus seiner Verantwortlichkeit"*. Alle Hindernisse auf diesem Läuterungsweg sind bekanntlich immer mit Leid verbunden, weil es sich dabei im Wesentlichen um Gefühlsreaktionen des endothymen Grundes oder Astralbereiches handelt. Für Hildegard unterliegt der Mensch den Gesetzen und natürlichen Einflüssen der Welt, ohne jedoch dadurch schicksalhaft determiniert zu sein. Darüber erfährt das Sein des Menschen kosmische Bedeutung und Sinn, denn innerhalb dieses Fadenkreuzes steht der Mensch. Als erstes Gegensatzpaar der Verblendung benennt Hildegard die „Liebe zur Welt" als das Anhaften durch Begehren im Gegensatz zur „himmlischen Liebe", die über die Weisheit der Erkenntnis den Verblendungen in der Welt in einem Dialog Antwort gibt.

Die Liebe zur Welt spricht:

„Alle Reiche dieser Welt halte ich fest mit ihrer ganzen Blütenpracht. Wieso sollte ich hinwelken, da ich doch in der Jugendfrische blühe und die Schönheit genießen kann!"

Die himmlische Liebe antwortet:

„Du bist wohl ganz verrückt und verblendet, wenn du glaubst, in einem Funken Asche schon das volle Leben besitzen zu können. Von Augenblick zu Augenblick lebst du dahin, um dann wie Heu zu verdorren. Du rennst dahin auf Pfaden der Nacht, und deine Hände bewirken nur Ohnmacht.

Der alte Verführer flößt nämlich zuerst den Menschen die Liebe zum Welt-
lichen ein, um sie alsdann zu weiteren Lastern zu verführen, die alle von
unbeschreiblicher Eitelkeit und den irdischen Dingen so eingewurzelt sind,
dass die Menschen an Himmlisches überhaupt nicht mehr denken kön-
nen, weil sie nur in ihren irdischen Leidenschaften leben. Darum liebt auch
die „Weltliebe" überhaupt nicht! Denn sie reißt alles, was ihr selber gefällt,
an sich und setzt ihren eigenen Willen an die Stelle Gottes."

Auch Therese von Avila spricht in diesem Zusammenhang von
„... zwei Arten von Liebe: Die eine ist geistig und rein von jeglicher Sinn-
lichkeit. Die andere ist von Sinnlichkeit vermischt und darum in ihrer Ord-
nung gestört und verblendet. Bezüglich der rein geistigen Liebe glaube ich
zu wissen, dass sie nur sehr wenige besitzen. Wer daher den inneren Weg
gehen will, muss gerechte Buße tun und sich seinem Richter in Demut und
Selbsterkenntnis stellen. Denn nur über eine schonungslose Selbster-
kenntnis kann der Mensch sich von seinen Verblendungen reinigen."[16]

Alice Bailey sieht diesen Läuterungsweg als *Reinhaltung und Beherr-*
schung der Lebensströme und benennt als Voraussetzungen dafür Enthaltsamkeit und Disziplin. Denn „Liebe zur Welt" bedeutet nicht nur
„Begehren als Anhangen an Objekten, die Wohlgefühle schaffen", sondern ist auch eine lasterhafte Verhaftung und Verblendung im Dasein.
Für die Überwindung dieser verblendeten Verhaftungen bietet Therese im 10. Hauptstück „Von der Losschälung" Hilfe an: *„Allein die Los-*
schälung von den Dingen und von den Menschen reicht nicht aus, wenn
man sich nicht auch von sich selbst losschält. Denn „kein Dieb ist gefährli-
cher, als jener, der sich selbst im Haus aufhält." Denn wir haben immer uns
selbst bei uns. Um also die Neigung von den wertlosen Dingen dieser Erde
abzulenken und sich so zum Unvergänglichen hinzuwenden, dienen als
vorzügliche Mittel die Selbsterkenntnis und die beständige Erinnerung,
wie eitel alles ist und wie bald es vergeht. Allerdings ist die Losschälung
von uns selbst, nämlich sich selbst zu vergessen und gegen uns selbst zu

---

[16] Therese von Avila, „Der Weg zur Vollkommenheit"

sein, sehr schwer, weil wir mit uns so ganz verbunden sind und uns zu sehr selbst lieb haben. Das erste, um was wir uns also bemühen müssen, besteht in der Verleugnung der Liebe zum eigenen Leib."

Und als spezielle Ermahnung an ihre Mitschwestern:

„Entschließt euch, davon euch loszumachen, da wir ja gekommen sind, um für Christus zu sterben, nicht aber, um uns für Christus gut zu pflegen. Leider hat unser Leib nun einmal den Fehler, dass er umso mehr Bedürfnisse weckt und entdeckt, je mehr er gepflegt wird. Der Weg nach Innen ist darum mit viel Leiden verbunden, darum ist es also sehr lobenswert, wenn ein jeder mit dem anderen Mitleid habe. Lernt aber dabei zu unterscheiden, in welchen Dingen ihr Bedauern und Mitleid mit dem anderen haben sollt. Verlegt euch niemals auf süßliche Tröstungen dabei, denn das ist etwas sehr weibisches; ich aber wünschte, dass ihr in keinem Stücke weibisch sein noch euch so zeigen möchtet, sondern in allem wie starke Männer."

In einer Art visionärer Schau listet nun Hildegard 35 emotional bedingte gegensätzliche Verhaltensweisen auf, wobei sie allen Lastern (Untugenden) als Gegensatz und Ziel der Erlösung davon die jeweils entsprechenden Tugenden gegenüberstellt. Überblickt man die aufgelisteten gegensätzlichen Gefühlsreaktionen und Verhaltensweisen, so kann man in dieser Auflistung unschwer auch die „9 Wurzelsünden" des Enneagramms[17] oder die 12 Untugenden im „Weg der Liebe" des Bernhard von Clairvaux[18] wiederfinden. Um hier einige dieser emotional bedingten gegensätzlichen Verhaltensweisen zu nennen, seien die Folgenden herausgegriffen:

---

[17] vgl.: Richard Rohr, Andreas Ebert, „Das Enneagramm. Die 9 Gesichter der Seele"
[18] Bernhard v. Clairvaux, „Das Buch von den Stufen der Demut und des Stolzes"

Zorn – Geduld
Wollust – Keuschheit
Neid – Bewunderung
Maßlosigkeit – Beherrschung, Disziplin
Geiz – Großzügigkeit,
Lüge – Ehrlichkeit
Eitelkeit – Bescheidenheit
Macht – Barmherzigkeit
Faulheit – Fleiß
Furcht – Mut

5. Verblendungen auf dem „Inneren Weg"

In ihren abschließenden Ausführungen, in den „Verblendungen des Pfades", fasst Bailey in einer Art Synthese alle bisher genannten astralen Teilverblendungen zusammen, wobei sie zugleich auch den Übergang zur nächsten Bewusstseinsebene der mentalen Verblendungen herstellt. Dieser Übergang ist erst dann möglich, wenn man gelernt hat, sich von den genannten bisherigen astralen Verblendungen freizumachen. Dann entdeckt man erneut eine weitere Welt von Dunst und Nebel, die es zu durchdringen gilt, um sich nun auch von den folgenden mentalen Verblendungen auf dem Weg nach Innen bewusst zu befreien.

Auf dem inneren Weg bedeutet das eine Art Übergangsphase, die durch ein tiefes Misstrauen und einen ständigen Zweifel gegenüber den eigenen Reaktionen gekennzeichnet und stark belastet ist. Typische Verblendungsmerkmale sind dabei häufig ein elitärer Hochmut allen denen gegenüber, die vermeintlich auf dem inneren Weg noch nicht so weit sind wie man selbst. Ferner oft heftige Kritiksucht und Neid gegenüber allen denen, die vermeintlich auf dem Weg nach Innen weiter sind als man selber. Erst wenn ein Mensch sich von diesen egozentrischen und alles blockierenden Verblendungen hat frei machen können, besteht eine reale Möglichkeit, den neuen Anforderungen zu entsprechen und alle weiteren Verblendungen abzustreifen und zu zerstreuen. Solange man sich jedoch inmitten von diesen Nebeln und Verblendungen befindet, stagniert alles und man tritt auf der Stelle. Dabei ist die Versuchung sehr groß, um auf dem inneren Weg viel leichter gehen zu können, sich lieber hinzusetzen und zu beten. Man steigert sich dabei verblendet in den Glauben hinein, man könne über Beten die Seele zu Hilfe zu rufen, anstatt seine Gefühlsnatur der Disziplin eines harten und geradlinigen Denkens, nämlich einer konsequenten Selbsterkenntnis zu unterwerfen. Denn so seltsam es auch scheinen mag, kann gerade intensives Beten als das „Herbeirufen der Seele" die Schwierigkeiten zur direkten Bekämpfung von Verblendungen insofern vergrößern, als man darüber die zu erbringende eigene Bemühung lediglich auf die Seele zu projizieren sucht und vermeint, es genüge schon, sich für einen guten Menschen zu halten, der brav und gehorsam sich Gott anvertraut und betet.

So geht das nicht! Denn es geht nicht darum, einigen hehren Worten einfach zuzustimmen, sondern darum, eine Einsicht zu erringen, die eine wirkliche Umgestaltung des inneren Menschen zur Folge hat. Erst eine solche Umgestaltung ist das Siegel für Wahrhaftigkeit, und niemals das alleinige Versichern von Bekenntnissen, weil diese immer nur Lippenbekenntnisse sind. Es geht auch nicht um bloße Willfährigkeit dem göttlichen Willen gegenüber, sondern um wahrhaftige Willensausrichtung. Nicht unseren Willen sollen wir aufgeben, sondern dem Willen Gottes zustimmen: „DEIN WILLE geschehe!" – Denn erst eine innere oft leidvolle Umgestaltung durch die Vereinigung mit Gottes Willen erfüllt den Anspruch der Liebe. Darum ist es nicht möglich, den „inneren Weg" zu gehen und dabei das Leiden aussparen zu wollen. Ohne zu leiden, gewinnt man keine Einsicht, sondern zeitigt nur esoterischen Firlefanz, und es erfolgt daher auch keine Umgestaltung. „Das Leiden ist das schnellste Pferd zur Erkenntnis" (Meister Eckehard). Es geht auch niemals um äußere Rechtfertigung, sondern um die in innerem Kampf errungene Einsicht. Rechtfertigung ist Auflehnung, und die führt letztendlich zur Verweigerung jeglicher Verantwortung. Die Leiden auf dem Weg entstehen durch das Festhalten an den Identifikationen des Eigenwillens und der eigenen Schwächen, indem man immer andere und anderes für seinen Zustand verantwortlich zu machen sucht. Die Verblendung ist, dass man sich mit einer vermeintlichen „Unschuld" identifiziert und sich damit automatisch selbst jeden Anlass für eine Selbsterkenntnis nimmt. Allein das erkennende Denken ist das einzige Werkzeug, solche Verblendungszustände zu zerstreuen. Dieser Vorgang der Selbsterkenntnis besteht darin, das Denken mit der Seele gleichzuschalten. Sodann kann man darangehen, durch Analyse, kritische Unterscheidung und rechtes Denken sich mit dem jeweiligen Problem einer Verblendung zu befassen. Erschwerend ist dabei die Tatsache, dass die meisten Menschen den Zustand von „mea culpa" (eigene Schuldhaftigkeit) oft nicht als Verblendung erkennen. Darum ist es auch schwierig, eine klare und unfehlbare Regel dafür aufzustellen, wie diese Erkenntnis erlangt werden könnte.

„Aber wenn sich der Menschengeist in freier Hingabe im Zeitlichen befestigt, dann bekommt er die Hand des lebendigen Gottes zu spüren und man sieht den ganzen Weg, den Gott selbst durch seine Schöpfung geht. Man begreift die mächtigen Kräfte, die am Werk sind, um Gott zu sich selbst zurückzuführen. Darum bedeutet auch, in seinen Ich-Identifikationen hängen zu bleiben, Widerstand gegen Gott zu leisten und die Seele allein für sich selbst zu beanspruchen. Die Leiden, die ein Mensch durch das Festhalten an den Identifikationen auf sich zieht, sind darum unausweichlich. Es sind die psychischen Energien, die beschrieben werden, wenn von den Leiden im Jenseits die Rede ist. Diese Zustände sind aber weder hier noch im Jenseits ausweglos, sondern jede Seele wird befreit, wenn sie sich aus der Identifikation und Verstrickung löst, die sie in den qualvollen Zustand gebracht haben. Erst wenn die Seele um Gottes willen sich alles dessen entledigt hat, was nicht Gott ist, kann sie erleuchtet und in Gott umgestaltet werden." (Edith Stein)[19]

---

[19] Edith Stein, „Endliches und Ewiges Sein"

Diejenigen, die sich aus diesem Zustand der Verblendung herausgearbeitet haben, sehen in den Gegensatzpaaren zugleich die Gestalt Gottes und die innewohnende Wirklichkeit. Die Auflösung dieser Dualitäten erfolgt, wenn die Seele, der wahre geistige Mensch, sich nicht länger mit einem der beiden Gegensätze identifiziert. Es ist das Stadium, in welchem der intelligente, denkende Mensch lernen muss, zwischen der Realität und der dahinter verborgenen Wahrheit, zwischen Wissen und Weisheit, zwischen Wirklichkeit und Illusion zu unterscheiden. Auch am Ende dieses Stadiums erfährt man wiederum ein Gefühl des Einsseins, und das beruht auf der allmählichen Entfaltung der Intuition, die ein unfehlbares Werkzeug zur kritischen Unterscheidung ist. Die Wahrnehmung wird klar und ungetrübt von Verblendung, und man ist frei von Täuschung und von falscher Identifizierung und Auslegung.

Zusammenfassend kann man feststellen, dass die Höherentwicklung den Menschen aus einer Dualitätskrise zu einer relativen Einheit führt und dass jedes erreichte Einheitsgefühl dann immer wieder durch ein neues Erkennen einer höheren und tieferen Dualität gestört wird. Dabei muss bedacht werden, dass dieses Gefühl eines scheinbaren Friedens oder das Gewahrsein einer Spaltung selber eine Illusion und eine Art von Verblendung ist, da es auf der illusorischen Identifizierung mit dem beruht, was nicht das Selbst oder die Seele ist.

Verblendungen der Mentalebene

Das menschliche Bewusstsein hat bekanntlich in seiner stufenweisen Entwicklung große Veränderungen durchgemacht, um auf den Ansturm der Erscheinungswelt zu reagieren. Das Denkvermögen ist dabei das Werkzeug, das den Vorgang des „Werdens" wahrnimmt, um in der Entwicklung endlich auch einen Zugang zum Wesen des Seins zu finden. Das „Werden" wird vermittels des Intellektes enthüllt, das Sein durch die Intuition. Zwei parallele Vorgänge hat so die Menschheit hervorgebracht: Einer davon ist der Evolutionsvorgang selber, wodurch das Bewusstsein des Individuums allmählich entfaltet wurde, bis es zum vorherrschenden Aspekt der individuellen Persönlichkeit wurde, und zweitens kam es zu einer abgestuften Reihe von Offenbarungen, welche die gesamte Menschheit zwangsläufig zu einem besseren Verstehen des Daseins gebracht haben. Diese Offenbarungen führten den Menschen stetig von der Identifizierung mit der Formenwelt in jene Bewusstseinszustände, die vom gewöhnlichen menschlichen Standpunkt her gesehen als übernatürlich erscheinen, vom geistigen Standpunkt aber durchaus normal sind.

Dabei besitzt der Mensch über sein Denkvermögen die Fähigkeit, das aus der Erscheinungswelt stammende Wissen und die aus dem Reich der Seele kommende Weisheit aufzunehmen, zu deuten und zu übermitteln. Es handelt sich dabei um Enthüllungen von subjektiven, lebenswichtigen Impressionen, die über Intuitionen ans Licht gebracht werden. Diese Enthüllungen, die seit altersher übermittelt wurden und das Denken der Menschen beeindruckt und verändert haben, betrafen und befassten sich stets mit den universalen Belangen des Universums und führten zur Würdigung der Einheit des Lebens aller beseelten Ausdrucksformen. Die stetige Vervollkommnung des Denkvermögens und des Wahrnehmungsvermögens, führte auch zu einer Zunahme der Aufnahmebereitschaft von Intuitionen und damit zur Wahrnehmung der Welt der geistigen Werte und eines Verstehens des geeinten Seins der gesamten Schöpfung. Das bedingte die Verlegung des individuellen Brennpunktes aus der Erscheinungswelt in die Welt einer übergeordneten Realität, die „andere Wirklichkeit". Die niedere Anwendung des Denkvermögens und dessen Entfaltung hat zur Illusion geführt, während die Entfaltung des höheren Denkens über Imagination und Intuition den wahren Sinn des Seins enthüllte und hervorbrachte. Das erfolgte ansatzweise in der bereits erwähnten Übergangsphase im Bewusstsein der Menschheit, die nach Gebser von der mythologischen Phase zum mentalen Bewusstsein hinüberleitete.

Gebser setzt den Beginn des mentalen Bewusstseins in der Menschheitsentwicklung zeitlich im ersten vorchristlichen Jahrtausend an: in Griechenland mit der Philosophie, in Israel mit dem Monotheismus und in Rom mit der Staatslehre: Platon – Moses – Kaiser Augustus. Parallel zum Monotheismus ist das bewusste Erwachen des Ich zu sehen und der Mensch als „Ebenbild" Gottes, als Spiegelbild des Dualismus von Schöpfer und Schöpfung. Es ist zugleich der Beginn eines reflektierenden Selbsterkennens und der Verantwortlichkeit für das eigene Leben. Das voll erwachte Ich des Menschen ist nun in der Lage, über ein vordergründiges Wahrnehmen hinaus auch seiner selbst und der Welt inne zu werden, was erstmalig ein religiöses Fürwahrnehmen ermöglichte und zum abstrakten Denken führte. Lersch spricht wie schon erwähnt in diesem Zusammenhang von zwei Wahrnehmungsmöglichkeiten: von einer horizontalen Verflochtenheit von Seele und Welt, dem so genannten Funktionieren im Leben, und von einer vertikalen Ganzheit der davon unterscheidbaren seelischen Vollzüge und Zustände. Hinsichtlich der Entwicklung des Menschen könnte man diese Phase mit der Adoleszenz, dem Reifeprozess des Jugendlichen zum Erwachsenen vergleichen.[20]

Nach Therese von Avila erreicht der Mensch im persönlichen Glauben damit das 3. „Haus", das sie unter das Motto stellt: *Äußeres Gewissen, Moral, Kontrolle durch den Verstand.*

1. Noch lebt man in der Furcht Gottes (Altes Testament) - man hat zwar den Ehrgeiz, schon weiter sein zu können, verbunden mit der inneren Forderung nach Höherstufung. Diese Absichtlichkeit verhindert jedoch gerade den Aufstieg.

2. Hier hilft nur Demut. Auf der dritten Stufe belehrt man gern andere, weil man die eigene Tüchtigkeit und den bereits erreichten Level, den man als eigenes Verdienst empfindet, zum Maßstab setzt. Auf diesem Weg will man weiter voran, das jedoch ohne eigenes Risiko.

[20] Philipp Lersch, „Aufbau der Person"

3. Darum sucht man todsichere Methoden (Yoga, Meditation, Rosen-kranzbeten etc.). Diese alle führen nicht zum Ziel, sondern einzig und allein: bedingungslose Selbsterkenntnis in der Betrachtung der eigenen Fehler und der absoluten Nichtigkeit der eigenen Leistungen; denn auch bis zur dritten Stufe ist man nicht durch eigene Kraft gelangt, sondern nur durch die Hilfe Gottes. Man meint, geistige Tröstungen schon zu erlangen. Diese aber gehen noch über unser Bewusstsein und erzeugen so den Ein-druck, dass die erzielte Freude unseren eigenen verblendeten Anstrengun-gen zu entspringen scheint.

4. Die wahre Freude, dass sich der eigene Wille mit Gottes Willen vereint, erlangt man nur über die Gnade, die man nie verdient hat, und diese erlangt man nur über die Demut und das Leiden und bekommt diese Gnade meist dann, wenn man am wenigsten daran denkt.

Bei der Überwindung der Verblendungen auf dieser mentalen Bewusstseinsebene ist es darum die vordringlichste Aufgabe, zwi-schen intuitivem Erkennen und selbst erzeugten Illusionen unter-scheiden zu lernen.

ILLUSION

Der Übergang einer Idee über die Intuition auf die
Bewusstseinsebene des Denkens

Illusion wird oft ganz ähnlich wie Verblendung verstanden, wobei zwar die Welt der Erscheinungen nicht geleugnet, aber das konkrete Denken missdeutet wird. Diese Missdeutungen sind die Grundlage aller Verblendungen, wobei leider keine dieser begrifflichen Definitio-nen eine wahre Vorstellung von der Realität der Verblendungen gibt, die der wichtigste Aspekt im kosmischen Zustand dieser Dimension von Raum und Zeit sind. Denn das Problem der Illusion liegt in der Tatsache begründet, dass es sich dabei einerseits um eine Betätigung der Seele und andererseits um das Resultat des wahrnehmenden Erlebens aller Menschen handelt. Die Seele ist es, die in der Illusion untergetaucht ist und der es an Klarsicht mangelt, bis sie endlich in der Lage ist, ihr Seelenlicht bis ins menschliche Denken wieder hindurchdringen zu lassen.

Das Wort Illusion wird häufig leichthin zur Bezeichnung von mangelndem Wissen, schwankenden Ansichten, Verblendung, Missverständnissen oder psychischen Verwirrungen angewandt. Im Interesse der Klarheit und der genau erkennbaren Unterscheidung zwischen den Formen der Illusion, in denen sich die Seele bewegt, von denen sie sich aber befreien muss, erscheint es notwendig, die fundamentale Illusion in der kosmischen Dualität in ihre verschiedenen Aspekte in Zeit und Raum zu zerlegen. In diesem Zusammenhang könnte eine Definition von Illusion so verstanden werden, dass sie die Reaktion eines undisziplinierten Denkens auf neu entdeckte Ideen kennzeichnet und sich immer in dem Augenblick ergibt, in dem ein Mensch seine niedere geistige Natur mit einer höheren in Verbindung bringt und gleichschaltet. Das ist der Schnittpunkt, an dem Verblendungen aus mangelnder „discretio" (Unterscheidungsfähigkeit) entstehen. (Hildegard von Bingen: ungeordnetes Wollen)

Illusionen können nur durch bewusste Intuitionen zerstreut werden. Denn die Intuition ist eine höhere Fähigkeit als das normale Denken. Es ist die Fähigkeit der reinen Vernunft, jenseits der Welt des Ego und der Form. Allein dieses erleuchtete Denken überwindet Verblendungen. Nur wer bereits diesen hohen Bewusstseinslevel erreicht hat, weiß, dass auch die Intuition ebenso leicht in Funktion treten kann, wie das Denkprinzip in einem normalen intelligenten Menschen. Zuweilen machen sich allerdings Intuitionen auch schon viel früher bei solchen Menschen bemerkbar, dann sollten diese Menschen unbedingt versuchen, diese Fähigkeit kontrolliert auszubilden, um das Denken als Reflektor des Seelenlichtes zu gebrauchen und um sich auf die Gefahren einzustellen, solche intuitiven Eingaben nicht mit Illusionen zu verwechseln.

Denn stark mental ausgerichtete Menschen unterliegen leicht der Illusion, die in Wirklichkeit ein Zustand ist, in dem der Mensch ganz eindeutig nur von einer Gedankenform beherrscht wird, die so mächtig ist, dass sie zweierlei bewirkt: Sie beherrscht sein Wesen und schaltet den Menschen auf alle ähnlich gearteten Gedankenformen ein, was im schlimmsten Fall Geisteskrankheit oder Zwangsvorstellungen erzeugt oder in weniger gefährlichen Erscheinungen einen Fanatiker hervorbringt. Der Fanatiker ist gewöhnlich – auch wenn er selbst es nicht weiß – ein verwirrter Mensch und steht im Bann irgendeiner mächtigen Idee. Diese Verblendung ist oft so stark, dass er keine Möglichkeit findet, die ihn beherrschende Idee in den Gesamtrahmen seines Weltbildes einzufügen oder jene notwendigen und spirituell verordneten Kompromisse zu schließen, die der Menschheit wirklich helfen würden. Denn beim hoch entwickelten Menschen gruppiert sich die mentale Illusion oft um eine bestimmte Intuition, und diese Intuition verdichtet sich dann in seinem Denken, bis sie so wirklich erscheint, dass der Betreffende fanatisch all seine Zeit darauf verwendet, um auch anderen seine Vision von „Welterlösung" (z.B. Kommunismus) aufzuzwingen.

Leider erzeugt eine Verbindung von Intuition und mentaler Tätigkeit nur in einigen seltenen Fällen ein Genie auf irgendeinem Gebiet. Es sind jene seltenen Glücksmomente, in denen eine Intuition auf eine Bereitschaft zur klaren Aufnahme von Ideen trifft, sich mit einem klaren Denken paart und der Fähigkeit, eine solche empfangene Idee auch aus sich herauszustellen. Dieses Herausstellen ist dabei die einzige menschliche Leistung. Darum auch der so missverständliche Ausspruch: *Genie sei Fleiß.* Plutarch[21] drückt es mit den Worten aus: *„Eine Idee ist ein unkörperliches Wesen, das an sich keinen Bestand hat, das*

---

[21] Plutarchos von Chaironeia, „Gesamtwerk"

aber ungeformter Materie Zahl und Gestalt verleiht und zur Ursache der Manifestation wird." Ideen erreichen uns aus der Ebene der Intuition. Die Seele erleuchtet die Mentalebene und die Intuitionsebene, so dass sich beide einander in ihrer Wechselbeziehung offenbaren und damit augenscheinlich werden. Das Denkprinzip im Menschen gewahrt diese neue und bislang unentdeckte Welt der Ideen und versucht, sie sich zu eigen zu machen. Am Anfang ist die Bewertung von Ideen bei den meisten Menschen eine vage und nebelhafte. Die wahrgenommenen Ideen dünken ihn als etwas höchst Ungewöhnliches, dessen die Menschheit dringend bedürfe. Da das Denken aber immer noch ganz auf die eigene Person eingestellt ist, werden alle intuitiv empfangenen Ideen deshalb eingetrübt und nur unklar aufgenommen, wobei die Intuition als im Bewusstsein aufgetauchte Idee bei ihrem Abstieg zum Bereich des Denkens in mehrfacher Hinsicht entstellt wird. Das Denken, welches zur Verifizierung und Verkörperung der Idee, also zu ihrer Umwandlung in einen praktischen ausführbaren Plan beitragen kann, ist darum meist noch gänzlich ungeeignet und zeitigt alle jene mentalen Verblendungen, welche die ursprüngliche Idee bis zur Unkenntlichkeit verstellen können.

Primäres Gebot ist es also, sich Klarheit über solche verblendenden Eintrübungen zu verschaffen, die Einfluss auf die eigenen Gedanken ausüben. Dabei behindern oft Vorstellungen wie persönliches Auserwähltsein, Einbildungen von begnadeten Leistungserfolgen sowie Verblendungen eines selbstsüchtigen Schicksalsbewusstseins und Gottesgnadentums einen Menschen in der Herausstellung. Die Ursachen für solche Verblendungen liegen meist in der jeweiligen individuellen Disposition oder in der persönlichen Idealvorstellung des eigenen Selbstbildes. Darüber hinaus sind sie mit den individuellen Versuchungen verbunden, denen ein Mensch unterliegt. Als Beispiele seien hier die Typen „Eins", „Sechs" und „Fünf" aus dem Enneagramm vorgestellt.

So sind die beiden stärksten Verblendungen bei Typ „Eins" sein oft zwanghafter Perfektionismus, der sich bis zum Vollkommenheitswahn steigern kann und einen unerbittlichen Gerechtigkeitssinn zeigt. Die Ursache dieser Verblendungen finden wir in seiner „Wurzelsünde", dem Zorn über die „Ungerechtigkeit in der Welt", die er im eigenen Leben in den Griff zu bekommen hofft und von der er die Welt „befreien" möchte. Unfähig, sich diesen inneren Zwängen zu entziehen und zu Kompromissen bereit zu sein, scheitert dieser Typ oft im Leben wie ein Savanorola[22] oder er schafft wie Luther, Paulus und Ignatius in seiner bedingungslosen und fast schon fanatischen Verblendung die großen Veränderungen in der Weltgeschichte. Eine der folgenschwersten gravierenden mentalen Verblendungen ist die Vorstellung von der „sozialen Gerechtigkeit" seit dem 20. Jahrhundert, der im Laufe der Zeit unter sozialistischen Gesellschaftsformen Millionen Menschen zum Opfer fielen. Hierbei liegt jenes fundamentalste aller Missverständnisse hinsichtlich der Maßstäbe zwischen göttlicher Gerechtigkeit als Idee und menschlicher Gerechtigkeit als Ideologie vor. Wie relativ und leicht ersichtlich dieser ständig wechselnde Maßstab hinsichtlich der Bewertung von ARM und REICH ist, wird mit einem Blick auf die heutige globalisierte Welt deutlich. Therese von Avila spricht darum zu Recht davon, dass alles Vergleichen Sünde ist, weil es immer zur Trennung dessen führt, was nur in der Einheit aufgelöst werden kann. Denn alles, was von Menschen als Maßstab erstellt wurde und als gesellschaftliche Konvention oder Vertrag gilt, gipfelt bestenfalls in moralischen Maßstäben, die aber als menschliche ebenfalls zeitlichen Veränderungen unterworfen sind. Soziale Gerechtigkeit ist immer nur im Kontext zu einer bestimmten gesellschaftlichen Form zu verstehen. Darum darf sie zu keiner Zeit einen Absolutheitsanspruch erheben und ausüben. Die göttliche Gerechtigkeit ist für die Menschen schwer einsehbar und darum auch oft nicht verstehbar – sie allein schafft aber nicht nur immer den wahren Ausgleich, sondern auch die Rückführung des Pendelausschlages in seine Ruhestellung, die in einer Zeitepoche verloren ging. Die göttliche Gerechtigkeit setzt bei den innen waltenden Wirkkräften an und nicht

---

[22] Girolamo Savanorola, „Gesamtwerk"

wie die soziale Gerechtigkeit bei den Bildkräften, und damit ist deren Los auch besiegelt, immer wenn sich die Bilder ändern. Die Verblendung der sozialen Gerechtigkeit liegt im fanatischen Festhalten an sogenannten ideologischen Gerechtigkeitsprinzipien, hinter denen sich nur nackte Machtansprüche der Propagandisten dieser Ideologie tarnen. Sie jagen die Menschen mit ihren verblendenden Lügen ins Boxhorn, erzeugen ungesunde Spannungen und eine sehr vergiftete Atmosphäre, die sich oft in aggressiven Zerstörungen austobt (Revolutionen). Eine wahre echte Lösung solcher Probleme erfolgt niemals über äußere Veränderungen von Zuständen, denn jeder Versuch, über die Bildkräfte sie zu lösen, führt nur zu Gewalt und noch größerer Ungerechtigkeit, weil man der Verblendung obliegt zu glauben, lediglich die „Kleider" wechseln zu können, aber den Menschen, der darin steckt, in seiner Misere belässt.

Ein solches bei Typ „Eins" häufig anzutreffendes verblendetes Streben nach Vollkommenheit lässt sich nur über die bittere Erkenntnis überwinden, jene Vollkommenheit nicht mehr in der Erfüllung moralischer äußerer Gesetze oder der Perfektionierung eigener Ideale zu suchen. Im Evangelium steht das erlösende Paradoxon, dass der Mensch nur dann vollkommen werden kann, wenn er seine eigene Unvollkommenheit annimmt, denn der Weg zur christlichen Vollkommenheit führt immer über den Zusammenbruch aller weltlichen selbstgesetzten Bestrebungen. Formale äußerliche Erfüllung von Gesetzen führt lediglich zur Verblendung eines konfessionellen oder ideologischen Überbaus des eigenen Egoismus.

Der Typ „Sechs", dessen Wurzelsünde die „Furcht" ist, unterliegt einem übertriebenen Sicherheitsbedürfnis. Solche Menschen versuchen, ihr schwaches Selbstwertgefühl meist hinter einer scheinbaren Loyalität oder einem scheinheiligen Gehorsam zu verbergen. Es sind die „Mitläufer" und feigen „Ja-Sager" im Leben, die eigentlich ihr eigenes Leben gar nicht leben, weil dieses durch die ständigen Vertuschungsversuche der eigenen Schwächen selbst zu einer einzigen Täuschung wird. Im permanenten Streben nach Sicherheit verstecken sich solche Menschen gern hinter geschlossenen, meist orthodoxen Systemen, weil sie sich darin geborgen fühlen. In ihrer verblendeten Faszination durch solche gesellschaftlichen Systeme entwickeln sie leicht einen Hang zum Fundamentalismus, und zwar wiederum als verblendete Reaktion auf den „Verlust jeglicher Tröstung" in einer heutigen säkularisierten Welt. Sie fühlen sich allein gelassen und suchen Halt in autorisierten Hierarchien. Eine Überwindung dieser Verblendungen kann nur erfolgen, wenn solche Menschen lernen, sich von den ständigen Manipulationen durch äußere Autoritäten zu lösen, um die Verantwortung für ihr eigenes Leben selbst zu übernehmen. Das gelingt jedoch nur über den Glauben und ein echtes Gottesvertrauen, also über eine innere Autorität, die allein einen Menschen von äußeren Autoritäten und Normen befreien kann. Denn dann ist man nicht mehr der Sklave von auferlegten moralischen Gesetzen, die man doch ständig zu umgehen sucht, indem man sich durch Täuschungen wie Scheinreue, Unehrlichkeit oder falsche Selbstanklage im Leben durchlaviert und herummogelt. „Nimm die Gesetze in dir auf, und du bist frei" (Friedrich von Schiller).

Typ „Fünf" gehört neben Typ „Eins" zu den am stärksten vom Kopf her bestimmten Menschen. Sie sammeln Gedanken, Wissen, Ideen und Eindrücke. Wissen bedeutet für sie Sicherheit und Macht, und darum neigen sie dazu, nicht nur materiellen sondern auch geistigen Besitz zu horten. Die Wurzelsünde von Typ „Fünf" ist die Habsucht, und ihre Verblendung ist der Geiz. Vor allem geizen sie mit sich selbst, weil sie ständig befürchten, sie könnten sich an andere verlieren, allein schon wenn sie Kontakt aufnehmen und sich ihnen mitteilen. Darum schweigen sie lieber, beobachten eher kritisch und misstrauisch die Welt, haben geradezu Phobien vor hingebenden Gefühlen und verschanzen sich stattdessen lieber hinter einer Welt abstrakter Theorien. Es geht für sie im Leben nur darum, Zusammenhänge zu verstehen, aber keine echte Berührung mit der lebendigen Welt selbst zu haben. Aus dieser Verblendung heraus, verzichtet die „Fünf" gern darauf, sich auf Emotionen einzulassen, und verschmäht die angeblich so „sauren Trauben der Welt" aus falschen Motiven. Dadurch besteht die Gefahr, den Kontakt zur Realität zu verlieren und in illusionären Gedankenspielen zu versinken. Man zieht sich in seinen elfenbeinernen Turm zurück und aus Furcht vor konkreter Verbindlichkeit entwickelt man zuweilen ein zölibatäres Naturell und isoliert sich in Verblendung so stark, dass solche Menschen fast autistische Züge annehmen können. Das wirkliche Leben bleibt im „Kopf" stecken, man nimmt selbst die eigenen Emotionen gar nicht mehr wahr und verliert den Kontakt vom Denken zum Handeln.

Die Erlösung für den Typ „Fünf" bedeutet, den Schritt zur Tat zu wagen, den Kontakt mit der Realität aufzunehmen und nicht verblendet das Leben nur mit dem rationalen Seziermesser zu zerlegen, sondern sich zu den eigenen Gefühlen zu bekennen und die Bereitschaft zu entwickeln, sich „die Finger schmutzig zu machen". Im eigenen Denken muss der „Fünfer" die Unmittelbarkeit des Seelenlebens entdecken und sollte dieses nicht durch die Verblendung zu hoch gespannter Theorien oder eines eigennützigen hypertrophierten Ich-Standpunktes verleugnen. Es sind Verblendungen eines persönlichen Machtbedürfnisses, persönlicher Ehrgeiz, das Bestreben, sich selbst ständig durch beißende Kritik oder eine arrogante geistige Überheblichkeit in den Mittelpunkt zu stellen. Diese Verblendungen führen alle nur in die Irre, wobei sie sich bis zum Größenwahn eines Diktators oder eines Messias-Komplexes steigern können.

Zusammenfassend kann man den Weg von der Idee bis zur Illusion etwa, wie folgt, beschreiben:
Die Idee wird über die Intuition vom Denken erfasst und erkannt und sinkt danach auf die höheren Stufen der Mentalebene herab, wird subjektiv eingefärbt und verbleibt dabei aber immer noch eine abstrakte und vorerst nebelhafte undeutliche Idee. Erst wenn die Idee enthüllt worden ist, wird sie für das erkennende Denken zu einer idealen Vorstellung, und erst jetzt tritt die Leistung des Menschen, Gedankenformen zu fixieren und herauszustellen, über die Fähigkeit des Denkens in Aktion. Denn die der Idee innewohnende und durch die Seele belebte Energie setzt das schöpferische Denken in Bewe-

gung und initiiert den ersten Impuls zur Umsetzung und äußeren Gestaltung der Idee, die dadurch leicht zum Ideal werden kann und damit zugleich auch die Voraussetzungen für das Entstehen einer Illusion bietet, durch die es dann wiederum zu einer Entstellung der ursprünglichen Idee kommen kann. Entstellung oder Verblendung entstehen durch Interpretationen und Bewertungen. Das Ego färbt und trübt die Idee entsprechend seiner erreichten Bewusstseinsstufe ein, wobei der Grad der Verschleierung einer Idee dabei immer dem Bewusstseinslevel des Mentalbereiches entspricht und diesen widerspiegelt. Dieser bestimmt dann die Umsetzung, hat Qualität (Wertung) angenommen und wird so zu einer individuellen gestalteten Form. Die dabei entstehenden Illusionen oder Verblendungen können auf sehr unterschiedlichen Bedingungen beruhen. Sie können entstehen durch:

- falsche Wahrnehmung
- falsche Auslegung
- falsche Aneignung
- falsche Verkörperung von Ideen
- falsche Anwendung

Falsche Wahrnehmung einer Idee

Das bedeutet, dass man nicht fähig ist, zwischen einer Idee und einem Ideal, zwischen einer Idee und einer Gedankenform oder zwischen einem intuitiven und einem mentalen Begriff zu unterscheiden. Dieses mangelnde Unterscheidungsvermögen – im Mittelalter als „discretio" bezeichnet – ist eine der häufigsten Ursachen für Illusionen. Die mentale Sphäre, die den Menschen umgibt, ist darum voll von unterschiedlichen Gedanken und Illusionen, die von jedem Menschen auf seiner individuellen Entwicklungsstufe geschaffen werden und bis zu Hirngespinsten ausarten können. Viele davon sind bereits die leblosen Hüllen längst überholter tradierter Vorstellungen und bleiben unverändert und leblos im Hirn hängen. Andere wiederum stecken noch im Keim, um über die Intuition im Denken überhaupt wirksam zu werden, und nur einige wenige Ideen werden vom klaren Licht der Seele erleuchtet und sind für eine schöpferische Umsetzung bereit. Denn alles, was ein Mensch erkennen und wissen kann, entspricht seinem individuellen Bewusstseinslevel. „Du gleichst dem Geist, den du begreifst" (Johann Wolfgang von Goethe). Die jeweilige Bewusstseinsebene, die für eine Intuition bestimmend ist, färbt bekanntlich alle Wahrnehmungen ein, obwohl die Intuition selbst als ein Augenblick verstanden und erlebt werden kann, der außerhalb der wahrnehmenden Bewusstheit stattgefunden hat und aus den tiefsten Schichten unseres Bewusstseins auftaucht. Jeder Mensch hat Zugang zu dieser Art kosmischer „Interferenzmuster" (Wellen / Frequenzen), da letztlich selbst jeder Gedanke diesem Gesetz im Universum unterliegt, aber schöpferisch relevant werden Intuitionen nur bei wenigen. Die Qualität einer intuitiven Erfahrung besteht demnach darin, die Konzentration immer auf die spirituelle Ebene des Geistes zu richten, um durch Befreiung von allen beeinflussenden persönlichen Motiven Intuitionen bis zur Transparenz gelangen zu lassen.

Darum muss man zu unterscheiden lernen zwischen den verworrenen und sich gegenseitig beeinflussenden Beziehungen von Intuition und Rationalität. In diesem Zusammenhang ist eine Bemerkung von Arthur Eddington über die Verbindung von beiden erhellend: *„Wir verfügen über zwei Arten von Erkenntnis, die ich symbolische und eigentliche Erkenntnis nennen möchte. Die herkömmlichen Formen der Vernunftsausübung wurden nur für die symbolische Erkenntnis entwickelt, weil bei dieser in der Wahrnehmung das Wesentliche verloren geht und durch Symbole und Formeln ersetzt wird. Die eigentliche wahre Erkenntnis dagegen pflegt sich jeder Kodifizierung und Analyse zu entziehen und ist somit immer eine Evidenz."* Das bedeutet, dass die erstere „Erkenntnis" über reines Erlernen erfolgt und sich lediglich mit der Handhabung der daraus folgenden Regeln, Gesetze und gedanklichen Möglichkeiten befasst. Es ist das, was der Mensch als Wissen bezeichnet. Der Sinn für die Ganzheit und Einheit einer wahren „Erkenntnis" erfordert dagegen immer jenes höhere Begreifen aufgrund eines intuitiven Gefühls und der Erfahrung einer Einheit zwischen dem Erkennenden und dem Erkannten. Nur Intuition lässt das Wesentliche erscheinen, wie es im biblischen Gebrauch des Begriffs „Erkennen" impliziert ist, nämlich die LIEBE. Dabei ergänzen sich immer Intuition und spirituelles Denken, wobei Intuition den höheren Anteil am Denken beinhaltet. So ist auch allein das Erkennen die Voraussetzung für die wahre Liebe. Im Neuen Testament heißt es, als Josef Maria schwanger sieht: „... *und da* **erkannte** *Josef Maria"*, was bedeutet: Nur über das intuitive Erkennen war es Josef möglich, die schwangere Maria als seine Frau zu lieben. Und genau so bekommt das Wort „Erkennen" erst seinen eigentlichen Sinn: Nur wie ein Mensch sich selbst (sein Selbst, die Seele) erkennt, ist er in der Lage, auch seinen Nächsten zu „erkennen", wobei dieses Erkennen immer zugleich auch die höchste Form seiner Liebe beinhaltet, weil es zur Wahrheit und Echtheit im Denken und Handeln führt und alle Verblendungen auflöst.

Falsche Auslegung der Idee

Illusion besteht häufig durch falsche Interpretation einer mental erfassten Wahrheit, weil z.B. eine Illusion sofort in den Gefühlsbereich absinkt und dadurch zur Verblendung werden kann. Wenn es dazu kommt, ist die Wirkungskraft einer Intuition außerordentlich stark, weil nämlich über den Gefühlsbereich eine Gedankenform zu einer Wesenheit mit lebendiger Kraft geworden ist und sich die magnetische Kraft des Gefühls zur kalten Gedankenform hinzugesellt hat. Selbst eine mentale Enthüllung einer solchen Verblendung kann dann weder richtig erfasst noch interpretiert werden, sondern sie entwickelt sich zu einer Illusion und tritt ihre Laufbahn der Täuschung und Irreführung an. Denn jede Idee ist ein lebenskräftiger Keim oder schöpferischer Impuls, der jedoch immer nur als Teilansicht erscheint, die meist durch die Unzulänglichkeit des Denkvermögens entstellt und häufig bis zur Belanglosigkeit verkleinert wird. Darum fehlt auch meist das rechte Verstehen, weil das, was ein Mensch einer Idee entgegenbringt, so armselig ist. Das führt zu einer Illusion durch falsche Auslegung, weil diese von den Aktivitäten eines astralbestimmten niederen Denkens eingetrübt wurde.

Die Ursache für eine falsche Auslegung einer Idee liegt dabei meist in der Überschätzung der eigenen Denkkraft, und das ist Hochmut. Im Enneagramm werden die unterschiedlichen Hochmutsformen beschrieben und analysiert, wobei die einzige Abhilfe wiederum nur in der Selbsterkenntnis besteht, die bei ernsthaftem Bemühen eine geistige Demut zeigt. Der Mensch muss begreifen, dass vieles von dem, was die Intuition leistet, rational nicht vollbracht werden kann. Denn rationales Denken kann nur mit dem arbeiten, was dem Verstand zum gegebenen Zeitpunkt bewusst vorgegeben wird. Pascal spricht in diesem Zusammenhang in einer Gegenüberstellung von Intuition und Vernunft: *„Vernunft ist die langsamere und mühselige Methode, mittels derer diejenigen die Wahrheit erst entdecken, die sie nicht intuitiv erkennen. Die Intuition unterliegt indessen diesen Beschränkungen nicht. Sie ist das Produkt der Fähigkeit des Geistes, viele Dinge gleichzeitig zu tun, ohne sich dessen bewusst zu sein"*. Im Gegensatz zur Vernunft als erkennender Funktion des Bewusstseins, sind Intuitionen nicht strukturiert, sondern haben eine ganzheitliche Qualität, und die Zeit scheint dabei komprimiert zu sein. Normalerweise versteht der Mensch die Welt immer strukturiert, linear und als zusammenhängende Folge eines zeitlichen Nacheinanders. Die Intuition kennt keine klaren und folgerichtigen Strukturen. Descartes bescheinigt daher *„allen Intuitionen einen überraschenden Charakter, wobei das Überraschende an solchen Situationen ist, dass wir unserer Sache ohne erkennbaren Grund so sicher sind, obwohl es etwas Unerwartetes an sich ist."*

Man spricht sogar von einem „Schock des Erkennens" oder vom „Aha-Erlebnis", was sofort in ein Erkennen der Selbstverständlichkeit umschlägt. Eine typisch intuitive Erfahrung ist immer von dem Gefühl begleitet, ein Empfangender und nicht ein Initiator zu sein. Intuitionen kommen unerwartet und doch genau im richtigen Moment; sie kommen von innen heraus, aber gleichzeitig auch von einem unnennbaren Anderen; wir produzieren sie und sind ihnen gleichzeitig ausgeliefert. Und das ist auch der Grund dafür, dass man sich beim Überdenken und Einordnen der Intuition so oft verunsichert fühlt, denn der eigenen Intuition vertrauen heißt, bereit zu sein, gegenüber den nicht beweisbaren Produkten unseres Verstandes Risiken einzugehen.

Falsche Aneignung von Ideen

Es handelt sich dabei nicht um das falsche Verstehen einer Idee, sondern um eine unrechtmäßige Aneignung einer Idee, um seinem kleinen Ich Geltung zu verschaffen. Das verblendet den Menschen und verführt dazu, sich eine Idee in der irrigen Meinung persönlich anzueignen, man habe sie selbst kreiert und formuliert. Deshalb misst man der Idee dann eine ungebührliche Bedeutung bei, weil man sie als seine eigene betrachtet und von anderen erwartet, dass sie ein Eigentumsrecht auf diese Idee anerkennen. Hier liegt eine Verblendung durch Verwechslung von Intuition und Rationalität vor. Dabei wird die Betonung auf die Verarbeitung einer Intuition gelegt und nicht auf die Eingabe, nach dem Motto: „Genie ist Fleiß" und Intuition sei Teil des rationalen Denkens. Dabei vergisst man, dass keine einzige Idee irgend jemandem gehört, sondern dass Ideen, die ja von der Intuitionsebene herkommen, Geschenke und Gemeingut aller und nicht das Eigentum eines einzelnen Denkers sind. Wenn ein Mensch von der Vorstellung des Eigentums einer Idee befangen ist, dann wird er davon so okkupiert, dass er sein Leben dem völlig unterordnet. Die Idee wird dadurch zur dramatischen Triebfeder seines Lebenszwecks und führt zur Illusion durch unrechtmäßige Aneignung und im Endeffekt zum Größenwahn.

Illusion darf jedoch nicht mit Verblendung verwechselt werden, weil Illusionen sich immer auf den mentalen Gesamtvorgang einer Enthüllung beziehen. Verblendungen zielen dagegen mehr auf die Entstellung dessen, was enthüllt worden ist. Illusion hat darum in erster Linie mit der Reaktion des Denkens auf die Intuition zu tun und ist eher eine Art mentaler Verweigerung, das in der richtigen Weise wahrzunehmen, zu deuten oder zu übersetzen, was übermittelt worden ist. Sie ist oft eine Schwäche hoch intelligenter und spiritueller Menschen, die sich bereits auf dem „Inneren Weg" befinden und Illusionen durchschauen können, diese jedoch ignorieren, was „Sünde wider den heiligen Geist" ist.

Diese Form von Verblendung ergibt sich auch oft aus der Tatsache, das Gesamtbild noch nicht so sehen zu können, wie es in Wirklichkeit ist, weil der individuelle Bewusstseinslevel durch ständige Identifikationen mit dem eigenen Ich beschränkt wird. Man vermeint darum, dass dieses Teil-Erfassen schon das Ganze bedeute, weil man von allem beherrscht wird, mit dem sich unser Ich identifiziert. Jeder Mensch neigt dazu, sich mit dem zu identifizieren, was ihm zu irgendeiner Zeit das stärkste Gefühl von realer Lebendigkeit zu geben scheint. Identifikation ist darum immer eine Versuchung, die den Menschen daran hindert, frei zu werden. Viel lieber lässt man sich von dem sklavisch beherrschen, was man für sich als „wertvoll" ansieht und erachtet. Dauernde Identifikation mit einer Rolle oder einer Funktion führt früher oder später zu einer Krise, die als eine Art psychisches „Sterben" empfunden wird. Diese wird solange zur Qual, wie ein Mensch nicht erkennt, dass er sich etwas untergeordnet hat, was ihm nicht angemessen ist. Darum ist jede Identifikation eine Verzögerung auf dem inneren Weg, aber zugleich auch der mentale Ansatzpunkt für eine notwendige Selbsterkenntnis, die immer die ganze Persönlichkeit einschließt und zu einem Erwachen oder einer „Geburt" in einem neuen und höheren Zustand des Seins führen kann.

Da man anfänglich noch nicht in der Lage ist, das Gesamtbild zu erfassen, fängt man an, die empfangene Idee in die einem selbst zugänglichen Teilbereiche zu lenken, wo sie gänzlich nutzlos ist und nur die allgemeine Illusion verstärkt. Dies ist eine der gewöhnlichsten Formen von Illusion, aber auch eine der ersten Gelegenheiten, um den eigenen mentalen Hochmut empfindlich zu brechen, weil einem dabei die Beschränktheit des Ich deutlich wird. Diese Illusion aufgrund falscher Anwendung, führt zwangsläufig zu falschem Gebrauch und falscher Eingliederung der Idee in einen Lebensplan. Im Kontakt mit seinen Mitmenschen greift man irgendeine Idee auf und versucht, sie seinen Plänen einzugliedern, wobei man sich auf Energien einlässt, die dem eigenen Wesen nicht angepasst sind (z.B. Sekten, Fremdautoritäten). Man zwingt dadurch seinem Bewusstsein einen Energiestrom auf, dem man nicht gewachsen ist, was zu intellektueller Überspanntheit und Verdrehtheit führen kann. Das kommt weit öfter vor, als man denkt. Darauf bezieht sich z.B. der Hindu-Ausspruch: „Besser das eigene Schicksal, als das Schicksal eines anderen leben". Denn die Wirkung kann vernichtend sein, weil ein derart überfordertes Denkvermögen jedes kritische Unterscheidungsvermögen und ein klares Erfassen der Idee verhindert (Verrücktheit). Ursache solcher Illusionen durch Aneignungssucht ist oft eine selbstsüchtige Bereicherung zugunsten des kleinen Ich. Abhilfe davon schafft eine demütige Gesinnung, denn die Überwindung dieser Verblendung kann nur dadurch erreicht werden, den Mittelpunkt des Lebens vom Ich weg in die Seele zu verlegen.

Falsche Umsetzung von Ideen

Das bezieht sich hauptsächlich auf die Schwierigkeiten jener Menschen, die mit der Welt der Intuition bereits in Berührung gekommen sind und tatsächlich geistige Ideen intuitiv erfassen. Solche Menschen haben die Aufgabe, diese Ideen automatisch und ohne Umschweife in bestimmter Form zu verkörpern, wobei die Seele und das Denkvermögen stets engstens zusammenwirken. Eine Idee wird dabei zwar tatsächlich aufgegriffen, aber ins Denken falsch eingekleidet, wodurch auch ihre sichtbare Gestaltung in die falsche Richtung dirigiert wird. Auf diesem Weg kann sie dann beispielsweise in eine Gedankenform Eingang finden, deren Färbung völlig ungeeignet ist, die Idee richtig zum Ausdruck zu bringen. Das erfolgt häufig aufgrund von mangelnder Urteilskraft und einem fehlenden Vertrauen in die eigene schöpferischer Kraft. Man fühlt sich von den Ideen überfordert und flüchtet geradezu davor, weil man sich der Verantwortung und den Folgen solcher Ideen nicht gewachsen fühlt. Ein Mensch wird von einer Idee sowohl intuitiv als auch verstandesmäßig berührt und fühlt sich oft nicht in der Lage, sie umzusetzen, und wendet sie dann falsch an. Dies ist vielleicht die am weitesten verbreitete Ursache für Illusionen auf der gesamten Mentalebene. Illusionen verändern sich von Zeitalter zu Zeitalter, je nach dem, was der Trend anstrebt und welche allgemeinen Tendenzen im zeitgemäßen Denken vorherrschend sind. Auch dadurch entstehen starke Einflüsse, wodurch man sich zu falscher Betätigung und zu falscher Anwendung von Ideen verleiten lassen kann, weil das Denken von der allgemeinen Illusion und Mode übermäßig beeinflusst wird.

Aber selbst in der reinsten Form der Intuition muss der verblendenden Illusion entgegengetreten werden, um sie zu überwinden und zu zerstreuen. *„Mit seinen letzten Worten am Kreuz schrie der Mensch Jesus „Warum hast Du mich verlassen!" und zerstreute damit endgültig die Illusion der persönlichen, objektiven Gottheit, denn in jenem Augenblick kam ihm voll zu Bewusstsein, dass er selbst als Mensch Gott war und sonst nichts, und die von ihm im 17. Kapitel des Johannes-Evangeliums aufgestellte Einheit von Gott und Schöpfung wirklich und wahrhaftig eine unumstößlich bewiesene Tatsache in seinem eigenen Bewusstsein ist"* (Alice Bailey). In diesem höchsten Gewahrsein überkam ihn vorübergehend ein Gefühl des Verlustes und der Leere, das dem sterbenden Menschen Jesus jene ungeheure Äußerung entrang, die so viele verwirrt und zur gleichen Zeit getröstet hat. Sie bedeutet die Überwindung der letzten Illusion, und diese verschwindet, soweit sie überhaupt menschlich fassbar ist, denn in dem Moment ist der Mensch frei. Die Illusion der Mentalebene kann ihn nicht länger betören. Sein Denkvermögen ist ein reines Werkzeug zur Widerspiegelung von Licht und von Wahrheit. Und auch die Verblendungen der Astralebene halten ihn nicht mehr in Bann, weil der Astralkörper selber erlischt, denn dieser ist in seiner Gesamtheit als Wunschnatur eines Menschen eine Illusion und erlischt im menschlichen Bewusstsein, wenn Illusion und Verblendung überwunden sind. Dies ist ein großes Mysterium im Leben auf Erden.

Zusammenfassend kann man sagen, dass Illusionen auf verschiedene Art und Weise in Erscheinung treten, wobei Ideen nur sehr selten unmittelbar aus den intuitiven Bereichen ins menschliche Denken gelangen, weil es der heutige allgemeine Bewusstseinsstand der menschlichen Entwicklung noch nicht erlaubt. Darum können Ideen nur von solchen Menschen direkt aus den Intuitionsebenen empfangen werden, bei denen bereits ein hochentwickelter Seelenkontakt zusammen mit einer mentalen Aufnahmebereitschaft (Genialität) und ein geläuterter Gefühlskörper vorhanden sind. Der Geist in Form einer Idee ist an sich weder gut noch schlecht, sondern die Basis der Wahrheit schlechthin. Entscheidend ist daher nur, in welche Richtung der Geist im empfangenden Denken eines Menschen gebracht wird. Und das ist wiederum eine Frage des Willens, der vom Denken gesteuert wird und das alleinige „Vollzugsorgan" im Bewusstsein des Menschen ist.

DER WILLE

„Als Wille fasse ich die im Bewusstsein disponible psychische Energiesumme auf. Der Willensvorgang ist demnach ein energetischer Prozess, der durch bewusste Motivation ausgelöst wird. Ich würde also einen psychischen Vorgang, der durch unbewusste Motivation bedingt wird, nicht als Willensvorgang bezeichnen." (C.G. Jung)

Ein Wille ist also immer eine gerichtete Energie, die von einem Ich bestimmt wird. Dabei handelt es sich primär um den Willen zur Macht. Dieser gehört zu den Strebungen des individuellen Selbstseins, deren Basis der Selbsterhaltungstrieb ist und jene Ursituation, in die jedes beseelte Einzelwesen gestellt ist. Im Kampf ums Dasein entwickelt sich der natürliche Egoismus, der zur Rivalität unter den Menschen führt und damit zugleich auch ein Bewusstsein der eigenen Wirkungsmächtigkeit hervorruft, ein Sich-selbst-als-Macht-Fühlen (Friedrich Nietzsche: Wille zur Macht – Arthur Schopenhauer: die Welt als Wille und Vorstellung). Nach Schopenhauer sind Selbsterhaltungstrieb und Egoismus gleichzusetzende Triebkräfte. Er spricht in seinem Werk „Die Welt als Wille und Vorstellung" darum auch vom Primat des Willens im Selbstbewusstsein.

Jedes Wollen ist zielgerichtet und immer ein Auseinandersetzen mit Widerständen. Es ist die Fähigkeit, alle Antriebsmöglichkeiten und verfügbaren Willensintensionen in die Richtung auf ein Ziel hin zu organisieren. Dies versteht man unter dem Begriff Willenskraft: *„alle unterschiedlichen Willensimpulse zu jener Organisation aller verfügbaren leiblichen und seelischen Energien zu konzentrieren, die nötig sind, um das nach einer Entscheidung gesetzte Ziel gegen Widerstände durchzusetzen"*[23]. Willenskraft setzt aber darüber hinaus noch Entschlusskraft voraus, die allein vom Ichbewusstsein hinsichtlich einer Zielsetzung bestimmt wird – ganz gleich, ob es sich dabei um eine äußere oder innere Willenshaltung handelt.

Die Wirksamkeit einer Willenshaltung nach außen gilt im Wesentlichen immer der Bewältigung aller äußeren Widerstände und wird als **aktiver Wille** bezeichnet. Formen dieser Willenshaltungen sind dabei oft Eigenmachtgefühle, Überlegenheitsgefühle oder ein Anspruch zu dominieren und zu beherrschen bis hin zu den heftigsten Formen der Aggression. Mangel an aktivem Willen führt zu Minderwertigkeitsgefühlen oder ist das Ergebnis von Überforderung durch das Außen. Im Gegensatz zum aktiven nach außen gerichteten (extravertierten) Willen ist die Richtung bei der inneren Willenshaltung, dem sogenannten **passiven (introvertierten) Willen** entgegengesetzt. Beim passiven Willen geht es um die Beherrschung und Disziplinierung aller Gefühle, Triebe, Strebungen, Begierden und Leidenschaften. Ziele wären Selbstüberwindung, Selbstbeherrschung, Sich-Zusammennehmen oder Beherrschung aller Unlustgefühle. Der Mangel an innerer Willenshaltung, oft gegen bessere Einsicht, führt zu einem widerstandslosen Nachgeben gegenüber allen Trieben, zu Passivität, Lässigkeit

---

[23] Philipp Lersch, „Aufbau der Person"

oder unkontrolliertem und ungehemmtem Tun: Sich-Gehen-Lassen. Solchen affektbetonten Stimmungs- oder Gefühlsmenschen fehlen alle organisierenden, regulierenden Funktionen. Es sind die Chaoten, die ständig der Gefahr der Ablenkung, Zerstreutheit und des Wankelmutes unterliegen. Ihre oft zügellose Hingabe an Wunschphantasien ist die Ursache ihrer Illusionen und Verblendungen, die nur Trümmer im Leben übrig lassen.

Voraussetzung für jede Willensbekundung ist also die Entschlussfähigkeit, die wiederum auf den verschiedensten individuellen Ursachen und Bedingungen beruht. Zuerst muss ein Mensch Klarheit darüber erlangen, wer er selbst ist und dass sein Dasein nicht allein auf sein Ego beschränkt ist, sondern immer auch eine geistige Wesenheit darstellt. Denn jedes Ichbewusstsein leitet alle seine Willenskräfte entweder im Zusammenspiel von Zielen der Erkenntnis-Auswahl oder auch im Sinne einer Zurückweisung der Willensobjekte ab. Im Ich sind darum auch die Ursachen für Entschlussunfähigkeit oder für deren Folge, nämlich eine Willensschwäche, zu suchen.

Ursachen für Entschlussunfähigkeit

Es gibt Menschen, die deshalb nicht zum Handeln kommen, weil es ihnen unmöglich ist, sich zu entscheiden und sich eindeutige Willensziele zu setzen. Dieses Unvermögen, zwischen Motiv und Gegenmotiv zu wählen, kann man auf verschiedene Wurzeln zurückführen. So fordert jeder Entschluss auch immer ein „Opfer", weil man bei jeder Entscheidung gezwungen ist, ein Motiv aufzugeben. Das bedeutet: Bei jeder Entscheidung werden immer zugleich auch Möglichkeiten vernichtet, weil die Tat durch die Entscheidung aus der Fülle der wünschenswerten Möglichkeiten in die Einseitigkeit tritt und so immer nur einem Teil des eigenen Wesens entspricht. Das führt zwangsläufig zu Disharmonien und Verspannungen, die viele Menschen zu umgehen hoffen, indem sie sich um Entscheidungen drücken. *„Es ist nichts erbärmlicher in der Welt als ein unentschlossener Mensch, der zwischen zwei Empfindungen schwebt, beide vereinigen möchte und nicht begreift,* *dass nichts sie vereinen kann"* (Goethe/Clavigo). Im Enneagramm entspricht dieser feigen Unentschlossenheit der **Typ „Sechs"**, den man wohl als häufigsten Vertreter in den westlichen christlichen Gesellschaften antrifft (vor allem in Deutschland). Ständige Selbstzweifel machen ihn vorsichtig, furchtsam und misstrauisch. Es fehlt einfach an Urvertrauen, was Jesus anmahnt, wenn er sagt: „Fürchtet euch nicht, ich bin bei euch alle Tage!" oder in seinem Wort: „Ja sei Ja, und Nein sei Nein, doch die Lauen spucke ich aus." Dieser furchtsame Typ bringt sich durch seine ängstliche Unentschlossenheit stets selbst in Situationen, in denen er immer nur der Verlierer ist. Auch eine weitere Ursache hängt damit zusammen, die bei diesem Typus stark ausgeprägt ist: Die Scheu, Verantwortung zu übernehmen. Hildegard von Bingen formuliert überspitzt: *„Für mich ist nur der ein Mensch, der in Verantwortung lebt."* Diese Willenshemmung, kein Risiko einzugehen, findet man meist bei Menschen mit geringem Selbstwertgefühl. Jeder Willensentscheidung stehen zu viele Bedenken und Vorstellungen über mögliche Folgen gegenüber. Dieses grübelnde Überdenken aller Eventualitäten schwächt nicht nur die Entschlusskraft, sondern nimmt der Tatkraft jede Entschiedenheit. *„...die Farbe der Entschlossenheit wird durch des Gedankens Blässe angekränkelt"* (Shakespeare: Hamlet). Und das führt dazu, dass das ganze Leben eine einzige Verblendung ist, nämlich eine „faule Ausrede!"

Daneben gibt es aber auch noch eine weitere viel tiefer sitzende Ursache für Unentschlossenheit: Die Faulheit! Im Mittelalter bezeichneten die Mönche diese als „acedia", den „Mittagsdämon". Es ist im Enneagramm die Wurzelsünde des **Typs „Neun"**. Bei dieser Antriebsschwäche handelt es sich meist um eine Art von innerer Unklarheit, denn Typ „Neun" tut sich schwer, sein eigenes Wesen zu verstehen. Alles liegt im Nebel einer Verblendung, einer für ihn selbst „ohnehin bedeutungslosen Welt". Der wahre Grund ist indessen, dass diese Menschen sich den vielen Anstrengungen und Forderungen des Lebens oft nicht gewachsen fühlen und einfach entziehen. Sie verweigern das Leben und flüchten stattdessen in dösende Traumwelten oder verfallen leicht der Betäubung durch eine Sucht. Oft haben sie depressive Grundstimmungen und finden alles im Leben zwecklos und aussichtslos. Das führt dann zu jener gleichgültigen Lethargie eines Sich-Gehen-Lassens oder jener „Null-Bock-Einstellung" so vieler Jugendlicher, weil alles viel zu anstrengend ist, um dafür überhaupt einen Willen aufzubringen („Die Sache ist doch den Aufwand gar nicht wert!"). Trägheit und Bequemlichkeit sind die Folge. Man vermeidet jeden Konflikt, ja selbst das Leben und sogar sich selbst. Es sind die Menschen, die am eigenen Leben vorbeileben oder nur passiv am Leben anderer partizipieren. Es sind jene willensschwachen Menschen, die Schwäche und Unwissenheit ständig vorschützen, um eine Ausrede für ihre Faulheit zu haben, um sich so mildernde Umstände zu erschwindeln, nur um ungehemmt weiter ihrem Laster frönen zu können.

Jede Willenstat enthält im Vorstadium eine Konkurrenz der verschiedenen Motive, die erst durch einen Entschluss beendet wird. *Wer die Wahl hat, hat die Qual.* Dabei werden Willensobjekte als angemessen oder unangemessen empfunden und nach dem individuellen Bewusstseinslevel bestimmt. Insofern kann andererseits auch der Wille das Denken beeinflussen. Sich mit einem unangemessenen Willensobjekt identifizieren zu müssen, bedeutet Leiden. Denn dadurch wird ein geistiger Druck erzeugt, sich von solchen unangemessenen oder überlebten Willensobjekten zu trennen. Dabei erzeugen oft überhängende oder verspätete Ablösungen seelische Krisen, die erst abklingen, wenn das Erforderliche geschehen ist: *„Wer zu spät kommt, den bestraft das Leben!"* (Michail S. Gorbatschow).

Seelische Krisen wurzeln darum meist in einer Disharmonie zwischen dem Eigenwillen des Ich und dem spirituellen Willen des transpersonalen Selbst. Dabei erweisen sich die energetischen Kräfte des transpersonalen Willens (des über das Ego hinausweisenden Willens) als besonders unerbittlich, denn dieser ist meist stärker als die im Ich konzentrierten Eigenwillenskräfte. Nur über den spirituellen Willen des transpersonalen Selbst ist eine Ablösung („Losschälung"; Therese von Avila) und das Erbringen der Liebe überhaupt möglich, weil dadurch die Seele aus ihrer Gefangenschaft falscher Identifikationen (Verblendungen) befreit wird. Wenn diese Ablösung jedoch nicht gelingt und man daran festhält, erstarrt man in sinnlosen und abgestorbenen Formeln. Primär sind Willenskräfte durch Identifikation an die unterschiedlichen Lebensbereiche gebunden. Wenn das Ich allerdings besonders vom vitalen Bereich bestimmt wird, werden Lebenskrisen für alle Menschen akut sichtbar, und es erscheint darum für das Verständnis dieser Lebenskrisen bedeutsam, auch den Einfluss des spirituellen Überbewussten auf das bewusste Ich anzuerkennen und in Betracht zu ziehen. Denn indem das Ich die ihm unterstehenden Willenskräfte bewusst leitet, kann auch jener latent vorhandene transpersonale Wille im Zusammenspiel von Erkenntnis und seelischen Bestrebungen mitwirken. Nach Edith Stein ist das Ich für die Seele *„... die Möglichkeit, sich in sich selbst zu bewegen, denn das Ich ist das in der Seele, wodurch sie sich selbst besitzt und was sich in ihr als in seinem eigenen Raum bewegt."*

Der Wille unterliegt einem steten seelischen Balanceakt, und dieser hat integrierende und ausgleichende Funktion. Auf der einen Seite muss er einen Ausgleich zwischen allen Lebensbereichen schaffen, die der Mensch als zu sich gehörig empfindet, aber auf der anderen Seite muss er auch den Kräften Paroli bieten, die gerne das Szepter übernehmen wollen, um sich zu verabsolutieren. Denn der Wille ist das bewegende Prinzip innerhalb der Rangordnung physischer, emotionaler und mentaler Selbsterhaltung. Der Mensch ist kein statisches Gebilde, sondern ein lebendiges, welches immer im Werden begriffen ist. In diesem Werdeprozess hat der Wille eine wesentliche Funktion, da er nicht nur die Instanz der Bewirkung, sondern auch der Zulassung ist. Die organisierende Kraft des Willens erstreckt sich dabei auch auf die Vorgänge des Weltinnewerdens und der Weltorientierung und zwar als Organisation der Wahrnehmungen, Vorstellungen und Gedanken, weil auch sie an Entschlüssen beteiligt sind. Erst in dem Maße, in dem wir einen Menschen als gereiften Verantwortungsträger anerkennen, fordern wir von ihm willensmäßige Durchorganisation.

Unmittelbare bedrohliche Schwierigkeiten wecken einen tief verankerten Überlebenswillen und nehmen den Mensch gänzlich für sich ein. Das gilt auch für quälende psychische Probleme wie Liebeskummer, die ebenfalls den ganzen Menschen erfassen. Sie sind weniger Angelegenheiten des Herzens, wie man üblicherweise behauptet, sondern Probleme des Verlangens und damit eher der „Bauchregion" zuzuordnen. Mentale Probleme sind dagegen wesentlich Probleme der Sinnfindung. Da der Mensch ein unfertiges Geschöpf ist und sich erst nach und nach selber entdeckt, ist auch der Sinn, den jemand erkennt, jeweils dem Entwicklungsstand entsprechend ein anderer. Sinn ist aber immer nur möglich in Beziehung auf etwas, welches dem obersten Ziel der geistigen Selbsterhaltung zuspricht. So endet auch eine ausschließliche Hingabe an Vergängliches für den Menschen, der sich als geistig unvergänglich erkannt hat, mit der Frage nach dem Sinn.

Der Wille verlangt auf jedem seiner Felder nach einem Objekt, dem er zustreben darf. Auf mentalem Feld ist dies jedoch weniger ein Gegenstand als eine geistige Einordnung oder eine geistige Wahrheit. Eine solche Wahrheit kann aber nicht auf äußerem Weg mitgeteilt werden, sondern muss innerlich gesucht werden, wobei ein solcher Weg der innerlichen Suche aber auch sehr leicht in Selbstbemitleidung, Verzweiflung, Verblendung oder einem Zustand übersteigerter Schuldgefühle (Neurose) stecken bleiben kann. Das Verlangen, die eigene geistige Sackgasse, in der man sich entdeckt, zu verlassen, und die Tendenz, anderen Menschen die eigenen Lebensumstände anzulasten, widersprechen sich dabei oft. So bleibt der Wille ein Leben lang eine Gratwanderung, und nur im tiefsten Inneren werden wahrhaft freie Entscheidungen gefällt, weil man nur da die Möglichkeit hat, alles am spirituellen Maßstab zu messen. Wer allein von seinem Ich her Entscheidungen fällt, versucht ein Fass ohne Boden zu füllen, weil er über Entscheidungen nie wahrhaft frei verfügen kann, sondern sich immer nur von seinem Ich bestimmen lässt.

Für den heutigen Menschen gehört jedoch dieser das Ich übersteigende spirituelle Wille des transpersonalen Selbst zu einem ihm noch wenig bekannten Bereich. Roberto Assagioli spricht in diesem Zusammenhang auch von einem Bild, welches der Mensch von sich selbst hat, denn nur sein „Menschenbild" ist die wesentliche Ursache und Voraussetzung für die Idee, wohin er strebt und wie er sich ständig auf diesem Weg verändert. In der „Unendlichen Geschichte" von Michael Ende wird über Menschen, die an sich selbst scheiterten gesagt: „Für sie kann sich nichts mehr ändern, weil sie sich selbst nicht mehr ändern können." Ende beschreibt mit diesem Satz die Erstarrung von Menschen, die sich zwar um die Erfüllung ihrer Wünsche gekümmert haben und sich um die Pflege ihres Ich bemühten, es aber versäumten, sich darüber hinaus zu entwickeln und über einen transpersonalen Willen mit ihrem Selbst in Verbindung zu treten. Auf diese Erstarrten wartet eine Welt der Sinnlosigkeit, während auf die Suchenden und Änderungsfähigen eine Welt wartet, in welche zu gelangen und zurückzukehren der Ursinn alles Lebens ist, dessen Vollzugsorgan, jener transpersonale Wille, der allein es ermöglicht, den Geist über die Intuition zu empfangen.

MEDITATION

Durch Meditation kann man eine weitgehende Beherrschung des Denkens erreichen, wenn man lernt, „das Denken stetig im Licht der Erkenntnis zu halten". Denn das ist das Ziel des Meditationsprozesses: Menschen zum inneren Licht zu führen, das in ihnen selbst leuchtet und sie befähigt, in diesem Licht vielleicht einmal die „Erleuchtung" zu erfahren. Die Vervollkommnung der Denkfähigkeit im Menschen über Konzentration und Meditation ist daher die vordringlichste Aufgabe. Denn Meditation kann eine Umwandlung unseres begrifflichen Wortglaubens herbeiführen, denn nach dem heiligen Paulus bleiben Begriffe und religiöse Formeln nur so lange bestimmend bestehen, bis durch Meditation das Christusbewusstsein erweckt ist und zum beherrschenden Faktor im täglichen Leben eines Menschen wird. Allein dieser göttliche Drang hat die Menschheit von der Stufe eines Höhlenbewohners bis zu unserer modernen Zivilisation geführt. In einer ernsten Meditation gleitet das Bewusstsein aus dem niederen Selbst in einen kontemplativen Zustand über, der bereits mit den Schwingungen der Seele korrespondiert. Denn das Wesen der Seele besteht aus Frequenzen der Erkenntnis, quasi als „Licht" im spirituellen Daseinsbereich.

Meditation hat eine initiierende Funktion, wobei das Denken eine beginnende Identifikation mit der Seele erfährt. Das Denken wird geläutert und wird gegenüber schädlichen Einflüssen gefestigt, was das Verschwinden des verblendenden und materiellen Schleiers zur Folge hat. Dieser Schleier muss durchbrochen werden. Er wurde seit jeher von der christlichen Kirche als „Tor zum Freisein" verstanden und als „der Weg der Läuterung" bezeichnet. Meditation kann darum mit vollem Recht als ein Teil des natürlichen Entwicklungsprozesses angesehen werden. Dabei hat sich das Bewusstseinszentrum der Menschheit ständig verlagert und die Aufmerksamkeit auf immer größere Lebensbereiche konzentriert, um den Menschen mit allen Aspekten der Erscheinungswelt in Verbindung zu bringen. Durch alle angewandten Methoden zieht sich der goldene Faden einer „göttlicher Absicht", wobei die Art und Weise, wie eine Transferierung des menschlichen Bewusstseins in das der Seelen-Erkenntnis und Seelen-Wahrnehmung zustande kommt, immer nur über die Meditation ermöglicht wurde.

Das ist das Ergebnis der Wirksamkeit der Seele im Menschen, über die alle diese Kräfte offenbar werden, sobald die Seele bewusst aktiv wird. Erst wenn die entsprechenden mentalen Fähigkeiten im Bewusstsein vorhanden sind, *erwachen* die höheren Fähigkeiten eines geistigen Wahrnehmens mit seinem unfehlbaren Erkennen und die Intuition mit ihrer untrüglichen Urteilskraft. Darum sollte jede Meditation mit der Bitte beginnen: „Führe uns vom Unwirklichen zum Wirklichen", was sich insbesondere auf den Gefühlsbereich mit seinen alles umfassenden fulminanten Verblendungen bezieht. Diese Verblendungen verkörpern das Unwirkliche und stellen sich den Menschen auf der Astralebene so dar, dass sie diese für die einzige Wirklichkeit halten. Um sich aus der Gefangenschaft im Bann der Verblendungen zu befreien, hilft nur konsequente Selbsterkenntnis, über die man dann auf ein Bewusstsein hinarbeiten kann, das eine klare Vorstellung von der Wirklichkeit ermöglicht.

„Der Mensch wird erst dann der Wirklichkeit gewahr, wenn er die Scheingebilde seiner eigenen Phantasie zerstört hat. In einer ersten Stufe der Meditation muss sich der Mensch klar machen, dass Verblendungen ihn im Bann halten. Es handelt sich hierbei um die Konzentrationsstufe im Meditationsvorgang. In einer zweiten Stufe soll die Vereinigung mit der Seele angestrebt werden. Dafür braucht man auf der Mentalebene die Kraft schöpferischer Imagination, um über geistige Wirklichkeit zu meditieren und mit der Seele in Berührung zu treten. Das ermöglicht es dem Menschen schließlich, Verblendung zu zerstreuen und sich von der Astralebene zu befreien. In einer dritten Stufe wird dann das Licht des Denkens und das Licht der Seele zusammengeführt als Leitlinie für die Intuition." (Alice Bailey)

Man könnte den Meditationsprozess in fünf Abschnitte gliedern. Wenn diese beherrscht werden, beginnt der stetige Aufstieg des bewusst spirituellen Menschen aus dem Reich der Empfindungen in das der Erkenntnis und sodann in das der intuitiven Erleuchtung. Das Ziel aller Bemühungen besteht hierbei also in der Schulung des Denkvermögens, damit es unser Diener wird und nicht uns beherrscht, und ferner darin, die Fähigkeit der Konzentration als Vorbereitung auf die wahre Meditation auszubilden; überdies besteht die Notwendigkeit einer fortwährenden konzentrierten Einstellung dem Leben gegenüber. Das Geheimnis des Erfolges kann mit den einfachen Worten: **„Seid wachsam"** beschrieben werden.

Diese Bemühungen könnte man in folgende 5 Schritte unterteilen:

I. **Konzentration:** Der Akt der Konzentration des Denkvermögens, wodurch man lernt, dieses auf einen Zielpunkt einzustellen.

2. **Meditation:** Die verlängerte Konzentration der Aufmerksamkeit in einer bestimmten Richtung und das beständige Festhalten des Denkens an einer gewünschten Idee.

3. **Kontemplation:** Eine Tätigkeit der Seele, losgelöst vom Denken, welches in einem Zustand der Ruhe gehalten wird.

4. **Erleuchtung:** Das Resultat der drei vorangegangenen Prozesse, verbunden mit dem Herabbringen der erlangten Erkenntnis in das Tagesbewusstsein.

5. **Inspiration:** Die Auswirkung der Erleuchtung, wie sie sich im Dienst am Leben bemerkbar macht.

Wenn der kontemplative Zustand auf dem Weg der Meditation erreicht ist, wird das Denkvermögen sofort zu erneuter Tätigkeit angetrieben. Diese erneute Aktivität beruht dann bereits darauf, dass das Denkvermögen auf das innere Licht reagiert und imstande ist, all die empfangenen Informationen zu registrieren und festzuhalten, mit denen die Seele ein ICH auszustatten versucht. Die Energien der Seele, die bisher mehr nach außen in die Welt strömten, wechseln von nun an die Zielrichtung und ihr Augenmerk richtet sich von da an immer mehr auf die Innenwelten. Ergebnis ist letztendlich der Zustand der Erleuchtung, der eine Vision des Absoluten und eines Losgelöstseins von allen irdischen Dunkelheiten mit sich bringt.

Durch dieses Gewahrsein der Vereinigung mit den göttlichen Innenwelten versteht man urplötzlich und spontan die Gesetze, die das geistige Reich beherrschen. Wahre Erleuchtung ist ein geistiger Akt und muss daher **von Gefühlen gänzlich getrennt sein.** Es handelt sich dabei um den Erkenntniszustand, in dem das Denkvermögen in Beziehung zu Gott gebracht wird; und je länger dieser Zustand frei von emotionalen Reaktionen gehalten werden kann, um so unmittelbarer ist die Verbindung zwischen der Seele und dem Bewusstsein, und um so unverfälschter sind die mitgeteilten Wahrheiten. Dieser unmittelbare Zugang zur Wahrheit ist die letztendliche Bestimmung für alle Menschen, und es ist wahrscheinlich, dass das heutige allgemeine Denkvermögen selbst eines Tages ebenso unterhalb der Bewusstseinsschwelle liegen wird, wie dies heute bei den Instinkten der Fall ist. Der Mensch wird dann im Reiche der Intuition wirken und in Begriffen der Intuition sich mit ebenso großer Leichtigkeit ausdrücken, wie jetzt in Begriffen des Denkvermögens. Alle Kommunikation erfolgt dann über Telepathie, denn Erleuchtung ist die höchste Form einer telepathischen Übertragung.

Wenn die Erleuchtung flammend hervorbricht, ist die menschliche Seele eine wahrnehmende, und das innere Licht ist die bewirkende Kraft oder Ursache. Diese verursachende Kraft wirkt dann durch alle Menschen als verbindende und vereinende Kraft. Denn die menschliche Seele steht nicht nur mit dem Universalen Denken in Verbindung, sondern auch mit allen jenen inspirierten Denkern, durch die jene göttliche Absicht wirken kann. Auf diese Weise kann man auch das ununterbrochene Auftauchen erleuchteter Schriften und spiritueller Botschaften zu allen Zeiten erklären, welche die Gedanken und Schicksale der Menschen geleitet und sie auf dem Pfade der Erkenntnis bis hin zur gegenwärtigen Vorstellung von einem innewohnenden Gott geführt haben. Die „Söhne Gottes" haben sich durch beständige Kontemplation das geistige Rüstzeug geschaffen, um als Interpreten des Universalen Denkens und als Vermittler zwischen der noch nicht telepathischen Menschheit und dem ewigen Fluss der Weisheit zu fungieren. Diese telepathische Übermittlung darf jedoch nicht mit Medialität verwechselt werden. Darum müssen die Menschen sehr genau zwischen Intuition und Instinkt, zwischen Intellekt in seinen niederen Aspekten und höherem oder abstraktem Denken unterscheiden. Die **Grenzlinie** zwischen inspirierten Äußerungen einer Seele, die mit anderen Seelen Kontakt hat einerseits, und den Gemeinplätzen einer angenehmen und schöngeistigen Denkungsart andererseits, muss gewahrt und beachtet bleiben.

An dieser Stelle scheint ein Vergleich zwischen dem Weg eines Wissenden (Theologie) und dem des Mystikers (Religion) angebracht: Der Mystiker erhascht im intuitiven und offenbarenden Aufblitzen einer Innenschau die Wahrheit, die ihm über den intuitiven Einbruch widerfährt. Der Theologe eignet sich dagegen auf einem mühsamen Weg eine Fülle von zeitlichem Wissen an, was bis zur Weisheit führen könnte, aber letztendlich jede wahre Offenbarung verhindert. Denn allein in der Seele liegt die Kraft, Gott wahrzunehmen, wobei die Seele immer von zeitlichen Dingen unabhängig ist und das innerste Wesen des ewigen Lebens nur über eine offenbarende Erkenntnis erfolgt. Erkenntnis erhebt die Seele in den Rang Gottes, Liebe vereint die Seele mit Gott und die Umsetzung beider führt zur Vervollkommnung im Leben. Diese drei Bestimmungen der Seele tragen diese geradewegs aus der Zeit in die Ewigkeit.

„Wenn es allmählich gelingt, den Kreislauf des Lichts in Gang zu bringen, so darf man dabei seinen gewöhnlichen Beruf nicht aufgeben. Die Alten sprachen: Wenn die Geschäfte auf uns zukommen, so muss man sie annehmen, wenn die Dinge auf uns zukommen, so muss man sie bis auf den Grund erkennen. Wenn man durch rechte Gedanken die Geschäfte in Ordnung bringt, so wird das Licht nicht von den Aussendungen (Beeinflussungen) umgetrieben, sondern das Licht rotiert nach eigenem Gesetz.“ (Chinesisches Zitat)

DAS ENDE DER VERBLENDUNG /
DIE ERLEUCHTUNG

Die Erleuchtung transzendiert alle Formen der Intuition und ist die höchste Form der Erkenntnis. Wem sie widerfährt, der weiß, dass sie das Bewusstsein erweitert und dadurch dem Denken wiederum neue intuitive Kanäle öffnet. Intuitionen dieser Art werden nur hohen Inspirierten ins Bewusstsein transformiert und durch mentale Telepathie übermittelt. Ideen befinden sich als Energieströme, die von höheren Dimensionen gelenkt und über die Intuition empfangen werden, in ständigem Fluss. Sie sind ein „inneres" Geschehen und scheinen dennoch paradoxerweise wie eine Gabe von einer anderen Quelle herabzusteigen.

Diese charakteristischen Merkmale der Erleuchtung zeigen sich im Bewusstsein eines Menschen an und sind das Ergebnis eines echten kontemplativen Zustands und Seelen-Kontakts. Der Zustand der Erleuchtung erfolgt unmittelbar nach dem Stadium der Kontemplation, deren Folgen wieder als Ursache dreier Wirkungen zu beschreiben sind: eines erleuchteten Intellekts, einer intuitiven Wahrnehmung und eines inspirierten Lebens in der äußeren Welt. Dieser Zustand wird von allen Mystikern und all denen, die über mystische Offenbarung schreiben, anerkannt, wobei lediglich der Umstand betrüblich ist, dass der Mystiker im allgemeinen unfähig ist, diesen Zustand der Erleuchtung zu definieren oder klar auszudrücken. *„Der Mystiker kann es nicht erklären, weiß aber, dass es eine offenbarte Wahrheit ist."* Obwohl die Mystiker also unfähig zu sein scheinen, anderen diesen Wahrheitsgehalt verbal verständlich zu machen, werden Offenbarungen seit allen Zeiten als solche Zustände anerkannt. Die Mystiker sprechen lediglich davon, dass es zwei Arten von Verzückung gibt, die sorgfältig unterschieden werden müssen. *„Die erste Art tritt bei Menschen zutage, die auf dem Wege erst wenig fortgeschritten und noch voll Selbstsucht sind; sie kommt entweder durch eine erhitzte Einbildung, die ein sinnlich wahrnehmbares Objekt zu intensiv erfasst, oder durch magische Künste und hysterische Visionen zustande. ... Die andere Art Verzückung ist im Gegenteil die Folge einer rein spirituellen Vision bei jenen, die eine große und hochherzige Liebe zu Gott besitzen. Gott unterlässt es niemals, jenen edlen Seelen, die vollkommene Selbstverleugnung erreicht haben, in diesen Verzückungen hohe Dinge mitzuteilen."* (Therese von Avila)

Die Wirkung dieses Illuminationsvorganges auf die emotionale Natur äußert sich in zwei einander vollständig entgegengesetzten Formen. Bei manchen Menschen bewirkt dieser Vorgang die Besänftigung der Natur, so dass alle weltliche Unruhe aufhört und der auf dem inneren Weg Befindliche in jenen Frieden eingeht, der die Vernunft überschreitet. Im Gegensatz dazu kann Erleuchtung zur mystischen Ekstase führen, jenem Emporheben zur Gottheit hin, worüber unsere mystische Natur ununterbrochen Zeugnis gibt. Dabei ist bemerkenswert, wie sehr die Idee des Verlangens, des Gefühls und der Dualität den ekstatischen Zustand kennzeichnet. Leidenschaft, Hingabe und ein verzücktes Hindrängen zur Quelle der Erkenntnis sind stets vorhanden, daher muss der Erlebende sorgfältig unterscheiden lernen, damit diese Eigenschaften nicht krankhaft ausarten. Solche überhitzten Zustände gehören nur den frühen Stadien auf dem inneren Weg zur Erleuchtung an. Später wird man erfahren, dass wahre Erleuchtung alle solche Reaktionen automatisch ausschaltet. Immer aber bleibt das Gefühl von Dualität, von etwas anderem oder von etwas über das Erreichte Hinausgehendem gegenwärtig. Solche Offenbarungen können aber nie auf dem gewöhnlichen Wege willentlicher Anstrengungen der Erfahrung und Vernunft erlangt werden, weil sie dem Menschen allein widerfahren, aber man kann sehr wohl eine Bereitschaft für ein offenbarendes Empfangen entwickeln; denn dies ist die einzige Form für den Menschen, Gott zu lieben. Gott selbst können wir nicht lieben, aber wir haben die Möglichkeit, ihn zu erkennen und diesem Erkennen gemäß unsere Liebe auf Gott zurück zu spiegeln. Tiefste Selbsterkenntnis mündet in absoluter Demut vor Gott und entlässt unser ICH in ein absolutes Nichts. Die Seele erkennt sich als von den Gegensatzpaaren Freude und Schmerz frei und steht in einem spirituellen Kontakt mit dem ewigen Sein im Licht der göttlichen Wahrnehmung. Darauf bezieht sich auch C.G. Jung[24] in folgender Weise:

[24] C.G. Jung, „Gesamtwerk"

„Die Lichtvision ist ein vielen Mystikern gemeinsames Erlebnis, das unzweifelhaft von höchster Bedeutsamkeit ist, denn in allen Zeiten und Zonen erweist es sich als das Unbedingte, das größte Kraft und höchsten Sinn in sich vereinigt."

Hildegard von Bingen drückt sich über ihre zentrale Vision ganz ähnlich aus: *„Seit meiner Kindheit sehe ich immer ein Licht in meiner Seele, aber nicht mit den äußeren Augen und auch nicht durch die Gedanken des Herzens; auch nehmen die fünf äußeren Sinne an diesem Gesicht nicht teil. ... Das Licht, das ich wahrnehme, ist nicht örtlicher Art, sondern ist viel heller als die Wolke, welche die Sonne trägt. Ich kann an demselben keine Höhe, Breite oder Länge unterscheiden. ... Was ich in einer solchen Vision sehe und lerne, das bleibt mir lange im Gedächtnis. Ich sehe, höre und weiß zugleich und lerne, was ich weiß, gleichsam im Augenblick. ... Ich kann an diesem Licht durchaus keine Gestalt erkennen, jedoch erblicke ich in ihm bisweilen ein anderes Licht, das mir das lebende Licht genannt wird. ... Während ich mich des Anschauens dieses Lichtes erfreue, verschwindet alle Traurigkeit und aller Schmerz aus meinem Gedächtnis ...."*

Dieses Phänomen erfolgt in der Regel spontan und bringt fast immer eine Loslösung der inneren subjektiven Persönlichkeit aus emotionalen und ideellen Verhaftungen hervor und erzeugt damit eine Einheit des Wesens, welche allgemein als „Befreiung" empfunden wird. Dieses „Licht im Kopfe", das eine allgemeine Begleiterscheinung der Erleuchtung zu sein scheint, ist wahrscheinlich auch der Ursprung des Heiligenscheines, der auf den Bildern die Köpfe der großen Erleuchteten umgibt. Es ist der Geist, der symbolisch als Licht erscheint, weil der Geist die Substanz des Denkens ist und Zugang zu ungewöhnlichen Informationsquellen besitzt. Darum ist es auch denkbar, dass der intuitive Geist Quellen anzapft, die normalerweise den Sinnen nicht verfügbar sind.

„ ... dieses erleuchtete Erfassen von Dingen, dieses Reinigen der Wahrnehmung erfolgt, wenn sich der Mensch höheren Bewusstseinszentren

zuwendet. Seine von der Beherrschung der Sinne befreite oberflächliche Intelligenz wird in steigendem Maße von der transzendentalen Persönlichkeit, vom „Neuen Menschen", verdrängt, der nun wieder zu seinem Ursprung zurückkehren kann. Daraus ergibt sich ein Zustrom neuer Lebenskraft, eine größere Fähigkeit, Visionen zu empfangen und eine außerordentliche Steigerung seiner intuitiven Anlagen." (Alice Bailey)

An diesem Punkt treffen religiöse Offenbarungen und die höchsten Erkenntnisse der Wissenschaft zusammen. Nach der Quanten- und Relativitätstheorie ist die Welt nicht die uns vertraute Welt separater Strukturen, sondern ein Gewebe innerlich zusammenhängender Energieströme. David Bohm leitet daraus eine holographische Struktur des Universums ab; Teilhard de Chardin spricht in diesem Zusammenhang von der Noosphäre, die zusammengesetzt sei aus Partikeln des menschlichen Bewusstseins; Sheldrake spricht von einer morphischen Resonanz als Übertragungsfelder von Gedanken, die von den inneren Erfahrungen der gesamten Menschheit geprägt und nach der esoterischen Auffassung in der „Akashachronik" gesammelt und gespeichert seien. Dies ist das gesamte Bildmaterial aller Gedanken und die Spiegelung aller Gestalten in der Schöpfung. Denn die Gedanken sind alle vor den Bildern und als Ideen die Antriebe zur Schöpfung. Darum sind die Bilder als Spiegelungen der Gedanken in der Akashachronik archiviert worden. Und zwar nicht so lange sie als Schöpfung bestehen und lebendige sind, sondern erst als abgelebte. Von dort können sie jederzeit als Erinnerungen abgerufen und als Gestaltungsimpulse angezapft werden und finden dann als Denkanstöße Verwendung. Sie selbst aber sind nicht schöpferisch, denn das Schöpferische kommt nur von den Ideen und ermöglicht eine ständige neue Verwandlung. Fritjof Capra schreibt in seinem Buch „Das Tao der Physik": *„Die subatomaren Teilchen sind dynamische Strukturen, die nicht als isolierte Einheiten existieren, sondern als integrierte Teile eines unauflöslichen Netzwerks von Wechselbeziehungen und einen unaufhörlichen Fluss von Energien darstellen. Das ganze Universum befindet sich somit in endloser Bewegung von Energien."*[25]

Allerdings ist für viele vorerst auf dem inneren Weg die Erlangung der Erkenntnis Gottes von größerer Wichtigkeit als die Liebe zu Gott. Die Liebe ist dabei zwar latent immer der eigentliche Impuls für die Bestrebungen der Seele nach Erkenntnis, nicht aber für ihr gegenwärtiges Ziel als Umsetzung der Erkenntnis über Selbst-Disziplinierung und Loslösung von allen irdischen Verhaftungen. Erst der wahrhaft erleuchtete Mensch ist die seltene Mischung des Mystikers mit dem Wissenden, in dessen Bewusstsein Erkenntnis und Seele in vollkommener Einheit und Synthese zusammenwirken. Die Erleuchtung des Denkvermögens durch die Seele bewirkt im wahrhaft geeinten und harmonischen Menschen ein direktes Erfassen der Wahrheit, ein unmittelbares Verstehen und die absolute Läuterung von allen Bindungen. Das ist jene Wechselwirkung, die zwischen göttlich abgestimmten Seelen hergestellt werden kann und deren Auswirkung in der Vergangenheit in der Übermittlung inspirierter Offenbarungen in den Heiligen Schriften zu sehen ist, die von Gottessöhnen her rühren. Intuition und Telepathie sind daher in ihren reinsten Formen die beiden Auswirkungen der Erleuchtung des Denkvermögens. Ihre Wirkungen auf den mentalen, emotionalen und physischen Bereich im Menschen sind dabei die Manifestationen ein und derselben fundamentalen Energie, die von einer Körperhülle in die andere übertragen wird. Es ist das gleiche göttliche Bewusstsein, das sein Vorhandensein in verschiedenen Sphären menschlicher Wahrnehmung und menschlichen Verhaltens fühlbar werden lässt. Das Denkvermögen empfängt von der Seele Erleuchtung in Form von ausgeschütteten Ideen über Intuitionen, die ein exaktes und direktes Wissen vermitteln, das immer unfehlbar ist. Im christlichen Abendland versuchte man immer schon, über Konzentration, Kontemplation und Meditation dieses Ziel zu erreichen.

Die modernen westlichen Erziehungsmethoden haben den Menschen nicht nur mit dem Gedanken vertraut gemacht, dass er ein

---

[25] Fritjof Capra, „Das Tao der Physik"

Denkvermögen besitzt, sondern dass für viele Menschen die Erlangung intellektueller Fähigkeiten bereits die Krönung des Evolutionsprozesses bedeute. Wenn jedoch die östlichen Meditationstechniken mit ihren Stufen der Konzentration, Meditation und Kontemplation auch im Westen stärker angewandt würden, könnte das Denken bis zur höchsten Entwicklungsstufe ausgebildet und dann von einer noch höheren Fähigkeit, nämlich der Intuition, abgelöst werden. Hierfür bieten die religiösen Schriften des Ostens Hilfe an, indem in den heiligen Schriften Systeme aufgezeigt werden, nach denen man eine solche Bereitschaft entwickeln kann. Es handelt sich dabei um methodische Verfahren, die den Menschen zum Einssein mit seiner Seele führen sollen. Ziel dieser Methoden ist eine erleuchtete Wahrnehmung und das intuitive Erfassen der Wahrheit. An diesem Punkt trennen sich jedoch noch die Wege zwischen West und Ost. Die westlichen Methoden vermögen nur selten in das Reich der Intuition oder der Erleuchtung zu führen. Tatsache ist, dass im Westen die Idee eines erleuchteten Bewusstseins eher belächelt und viele vorhandene Beweise dafür den Halluzinationen eines überstimulierten Mystikers oder Psychopathen zugeschrieben werden. Der westliche Mensch befürchtet nämlich, dass man einen Zustand der Erleuchtung nicht mit dem alltäglichen Leben vereinbaren könne. Doch auch das Licht der Erleuchtung und der Inspiration lässt sich mit den täglichen Beschäftigungen sehr gut vereinbaren.

Patanjali schreibt in seinen Yoga Sutras:

„Der Herr des Denkvermögens, der Wahrnehmende (das ICH), ist stets des ständig aktiven Denk-Stoffes gewahr. Da das Denkvermögen erkannt werden kann, ist es klar, dass es selbst nicht die Quelle der Illumination sein kann. Wenn die alleinstehende und vom Objektiven losgelöste geistige Intelligenz sich im Denkstoff widerspiegelt, erfolgt die Wahrnehmung des Selbst. Dann wird der Denkstoff, der den Erkennenden und das Erkennbare widerspiegelt, allwissend. Das Denkvermögen strebt dann nach Unterscheidungskraft und damit zugleich nach Befreiung von den Fesseln der Manifestation."

AUSBLICK

Die Menschheit befindet sich heute inmitten ihrer schärfsten geistigen und materiellen Auseinandersetzung, welche die Welt jemals erlebt hat, weil die durch Jahrhunderte entstandenen Verblendungen der Habgier, Selbstsucht, Angriffslust und des Materialismus ihren Höhepunkt erreicht haben. Als die Evolution fortschritt und das Wünschen von einer geplanten Befriedigung zur anderen überwechselte, schwächte sich der physische Aspekt der Selbstsucht ab und die Menschen suchten ihr Vergnügen in einem gesteigerten Gefühlsleben. Das führte zur Entstehung des Dramas, wo dieses Erleben zum ersten Mal einen künstlerischen Ausdruck fand. Durch solche Schauspiele hat der Mensch seit altersher sein eigenes, dramatisches Gefühlsleben aus sich herausgestellt und ergänzt, indem er sich in das Leben anderer hineinversetzte. Auf diese Weise trat er aus sich selbst heraus und ergänzte seine persönlichen, dramatischen Erfahrungen, Wünsche und Ziele durch solche, die durch die schöpferische Einbildungskraft hervorgebracht wurden. Dadurch entstand im Bewusstsein der Menschen die Grundlage für die Erkenntnis, die so von der Frühgeschichte an den Grund für eine stufenweise Entfaltung eines Dualitätsgefühls zwischen einer anthropomorphen Gotteserkenntnis und der Erkenntnis eines Spirituellen im Innern des Menschen selbst legte.

Die Menschen wurden jedoch nach wie vor von ihrem Wunschleben beherrscht. Sie hatten zwar im Laufe der Bewusstseinsentwicklung damit begonnen, das Wünschen in ein höheres Streben zu verwandeln und unter höchstmöglichem Aufwand an Hingabe, Gefühl und Sehnen nach wirklicher Erkenntnis zu suchen, erkannten aber dabei mit Schrecken das Wesen der Verblendungen und Illusionen, die automatisch den Lebensweg bestimmten. Verblendung entstand, als der Mensch sein Wünschen als die Triebfeder seines Handelns erkannte. Er bemerkte und bewies damit aber auch zugleich sein Menschentum und seine Unterschiedenheit vom Tier, denn nur die Fähigkeit zu denken enthüllt das Vorhandensein von Wünschen anstelle eines instinktiven Bestrebens, die einer niederen Natur anhaftende Triebhaftigkeit zu befriedigen. Von da an traten planvolle Bemühungen auf, den Wünschen gerecht zu werden, und dazu war zielbewusstes Denken notwendig, und Verblendungen konnten sich entfalten.

Nach einem langen Evolutionsprozess, der den Menschen aus einem animalischen Stadium in das menschliche brachte, hat die Menschheit heute jene Stufe erreicht, auf welcher der Mensch eigenbewusst oder selbst-bezogen ist. Er steht quasi im Mittelpunkt seiner eigenen Welt, und das Universum dreht sich um ihn. Dieses geistige Erwachen erfolgte durch zwei parallele Vorgänge, von denen der eine die Bewusstseinsentwicklung selber ist, wodurch das Denken des Menschen allmählich sich entfaltete; der andere Vorgang ist das Empfangen von Offenbarungen, welche die gesamte Menschheit zwangsläufig zu einem besseren Verstehen des Sinnes ihres Daseins gebracht haben. Diese Offenbarungen führten den Menschen stetig von der alleinigen Identifizierung mit der Formenwelt hinweg in jene Bewusstseinszustände, die vom gewöhnlichen, menschlichen Standpunkt aus als übernatürlich erscheinen, vom geistigen Standpunkt aber durchaus normal sind. Die großen Vordenker haben heute den Punkt erreicht, auf dem Materialismus und Geistigkeit als der grundlegende Dualismus aller Manifestationen in klaren Umrissen erkennbar geworden sind. Um diesen Dualismus aber nun zu überwinden und wieder zu vereinen, gibt es nur einen Weg des Vorwärtsschreitens: Den Weg der Selbsterkenntnis und der intuitiven Meditation.

Allein dies führt zur Transmutation und Umleitung aller Energien des Denkvermögens, der Gefühle und der physischen Natur, so dass sie der Offenbarung des wirklichen Selbstes dienen und nicht bloß zur Aktivierung der psychischen Natur. Denn alles ist in ständiger

Energiebewegung, weil die Schöpfung selbst dynamisch zu verstehen und kein determinierter Zustand ist. Sie ist dem Menschen zugesprochen, ihm quasi auf den Leib geschrieben, und ihm somit zur Verantwortung übergeben. Gott als Schöpfer tritt aus sich heraus und rechtfertigt seine Schöpfung in seinem „Sohn", der die Schöpfung ist, um den Menschen zu einer höheren Herrlichkeit heimzuführen, zum „Kosmischen Christus" (Teilhard de Chardin). *„Nur vor diesem kosmischen Hintergrund baut sich die sittliche Existenz des Menschen auf, der nirgendwo bloßer Zuschauer ist, sondern immer Betroffener. Darum besitzt jeder Mensch ein immanentes Wissen um seine Eingebundenheit in das göttliche Geschehen. Aus seiner Gottesfurcht muss Gottesliebe werden, was dem Menschen die Freiheit der Entscheidung ermöglicht, wobei der innere Richter sein Gewissen ist und die Seele der führende Anwalt.* (Hildegard von Bingen).

„Die Vernunft entrüstet sich bei dem Gedanken, all das dem Zufall zuzuschreiben. Zwei Dinge erfüllen das Gemüt mit Bewunderung und Ehrfurcht: Der gestirnte Himmel über uns und das moralische Gesetz in uns."[26]

In dem Maße nun, wie die Illusion sich im Laufe der Zeit vertiefte und verstärkte, ging auch die ursprüngliche Einfachheit der Enthüllung von Verblendungen gelorren. Zusatz um Zusatz schlich sich ein, und das menschliche Denken komplizierte die ursprünglich religiösen Lehren, die mehr und mehr von mentalen und theologischen Systemen überwuchert wurden: Religiöses verkam zum Konfessionellen; grundlegende göttliche Offenbarungen oder Wahrheiten wie die einfachen Aussprüche Christi und Buddhas wurden in Kommentaren mit dem Nebel missverständlicher Illusionen überdeckt und ihre ursprüngliche Fassung oft in ihr Gegenteil verdreht. Die Illusionen sind heute so groß, dass man in der zivilisierten Welt sogar von der „weltlichen Macht der Kirche" spricht. Nur der einfache Glaube der Unkultivierten und Armen hat ein wenig von der Wahrheit in ihrer ursprünglichen Form bewahrt, weil sie keinen Sinn für hochtrabende,

---

[26] Immanuel Kant, „Praktische Vernunft"

theologische Diskussionen und Kommentare haben, dafür aber fest daran glauben, dass Gott Liebe ist.

Seit der Zeit Christi sind der Welt viele Enthüllungen auf dem Gebiet der Wissenschaft zuteil geworden. Die wissenschaftliche Feststellung zum Beispiel, dass materielle Substanz nur eine Form von Energie ist, ist eine ebenso große Enthüllung wie irgendeine, die Christus oder Buddha gebracht haben. Sie verändert das menschliche Denken von Grund auf, weil sie Energie mit der Kraft materieller Formen und den Menschen wieder mit Gott in Beziehung bringt. Denn Energie birgt das Geheimnis der umformenden Verwandlung. Darum sind die Enthüllungen der Wissenschaft, soweit sie grundlegend und wesentlich neu sind, genau so göttlich wie die der Religion. Nur leider wurden beide fast ausschließlich zur Befriedigung menschlicher Bedürfnisse missbraucht. Obwohl die Enthüllungen der Wissenschaft oft durch einen einzelnen Menschen in die Erscheinung treten, sind sie doch letztendlich Resultate der gesamten Menschheit. Denn dieser Prozess der offenbarenden Erkenntnis und der sich daraus ergebenden Enthüllungen fließt ununterbrochen und muss von der ganzen Menschheit mit getragen werden.

Beim einzelnen trägt jedoch ein solcher Evolutionsvorgang oft den Charakter einer Einweihung, die von einer Bewusstseins-Erweiterung zur anderen führt, bis die Welt der Formen enthüllt dasteht. Doch das gilt auch für die gesamte Menschheit, die von Enthüllung zu Enthüllung fortschreitet, bis die Menschen in den Bereich des Lebens eingehen, der bis jetzt noch reine Dunkelheit ist. Alle diese Enthüllungen bilden letztendlich eine große, vereinte Enthüllung, die sich vor den Augen der Menschheit nach und nach entfaltet. Das Licht seines persönlichen, niederen Selbstes enthüllt dem Menschen die Welt der Form, der Materie, des Instinktes, des Wünschens und des Denkens; das Licht der Seele enthüllt ihm das Wesen der Beziehung zwischen diesen Lebensformen und der Welt des Formlosen, sowie das Wesen des Konfliktes zwischen dem Wirklichen und dem Unwirklichen.

Dieses Dualitätsbewusstsein wird seinen Gipfel im Endkampfe zwischen den Gegensatzpaaren mit dem glorreichen Sieg einer erleuchteten Erkenntnis erreichen. Erst danach stirbt der Dualismus aus und mit ihm der Wunsch nach dem, was materiell ist und nicht das eigentliche Selbst (Alice Bailey). Das ganze Universum befindet sich somit in endloser Bewegung von Energien. Dabei bilden Geist und Materie eine Einheit und sind lediglich unterschiedliche Manifestationen derselben Wesenheit, wobei allein der Geist immer einen Zugang zu ungewöhnlichen Informationsquellen haben wird. Dabei öffnet das Licht der Intuition der Seele innerhalb der Persönlichkeit das Wesen Gottes und die Einheit des Ganzen und enthüllt dem Menschen die bisher nicht erkannte Tatsache seines Nicht-Getrenntseins. „ICH BIN DER WEG, DIE WAHRHIET UND DAS LEBEN."

ANHANG

Gebser

1. Die archaische Bewusstseinsstruktur ist eine null-dimensionale, traum- und zeitlose Ununterschiedenheit von Mensch und All. Es herrscht ein noch problemloser Einklang von Natur und Mensch. Die Seele schläft noch. Die Wahrnehmung ist ein rein sinnliches Bemerken und hat gegenständlichen Charakter. Die einfachste nicht mehr unterscheidbare Qualität ist das Empfinden des Lust-Unlust-Prinzips: Neandertaler, Vormenschen – dieser Bewusstseinszustand entspricht dem Säugling und Kleinstkind.

2. Die magische Bewusstseinsstruktur wird bereits zur eindimensionalen und tritt aus der Raum- und Zeitlosigkeit heraus. Jedoch alles, was noch in der Seele schläft, ist vorerst nur spiegelbildlich im Außen wach. Der Mensch beginnt zu wollen, doch ein sittliches Bewusstsein, das eine Verantwortung zu tragen imstande wäre, weil es auf einem bewussten Ich beruht, liegt für die Ich-Losigkeit des magischen Menschen noch nicht vor. Es handelt sich jetzt um ein erlebendes Wahrnehmen, dass bereits eine Art Weltinnewerden zustande kommt, weil sinnliche Einwirkungen in ein Erleben übersetzt werden. Diese Phase entspricht dem Kleinkind, der Trotzphase mit dem Beginn eines Ichbewusstseins – („Magie und Zauber, Große Mutter").

3. Die mythologische Bewusstseinsstruktur beinhaltet bereits die Bewusstwerdung der Seele und damit zugleich auch der Zeitlichkeit aller Lebensprozesse. Der Mensch tritt in die Spannung einer zweidimensionalen Polarität. So wird jetzt neben der „Erde" auch der „Himmel" erkannt. Das Erfahren der Seele ist das sichtbarste Zeichen einer Bewusstwerdung des eigenen Ichs, und auf dem Umweg über das Erwachen zu sich selbst, erwacht auch das Du. Dem mythologischen Bewusstsein als Erfahren einer Seele entspricht ein imaginäres Wahrnehmen, weil neben dem äußerlichen Wahrnehmen auch eine Traum- und Vorstellungswelt bereits erfahren und erlebt wird. Diese Phase entspricht der Kindheit, Einschulung und dem Beginn einer ersten Sozialisierung – (Ägypten, Astrologie, Vielgötterei)

4. Die Phase der mentalen Bewusstseinsstruktur setzt Gebser zeitlich im ersten vorchristlichen Jahrtausend an: In Griechenland mit der Philosophie, In Israel mit dem Monotheismus und in Rom mit der Staatslehre. Platon – Moses – Kaiser Augustus. Als Entsprechung zum Monotheismus ist die Geburt des voll erwachten Ichs zu sehen und der Dualismus von Gott und Mensch, reflektierendes Selbsterkennen und Verantwortlichkeit für das eigene Leben. Das von nun an reflektierende Wahrnehmen wird dreidimensional perspektivisch, weil über das erwachte Ich der Mensch in der Lage ist, über vordergründiges Wahrnehmen hinaus auch sich selbst und der Welt inne zu werden, was erstmalig ein Fürwahrnehmen ermöglicht und zum abstrakten Denken führt. Philipp Lersch spricht in diesem Zusammenhang von zwei Wahrnehmungsmöglichkeiten: Von einer horizontalen Verflochtenheit von Seele und Welt, dem so genannten Funktionieren im Leben und von einer vertikalen Ganzheit der davon unterscheidbaren seelischen Vollzüge und Zustände. Diese Phase könnte man vergleichsweise mit der Adoleszenz, dem Reifeprozess des Jugendlichen zum Erwachsenen sehen.

LITERATUR AUF EINEN BLICK:

Ken Wilber / Halbzeit der Evolution / Fischer 1998

David Bohm / Wholeness and implicate order / London 1980

Max Planck / Where is science going? / New York 1932

Werner Heisenberg / Physics and Beyond / New York 1971

Pierre Teilhard de Chardin / Die Entstehung des Menschen / C.H. Beck 1981

Sri Yukteswar / Die Heilige Wissenschaft / O.W. Barth 1976

E, Gabriel / Ein integrales Weltbild / München 1991

Jean Gebser / Ursprung und Gegenwart / Novalis Verlag 1979

Phil. Lersch / Aufbau der Person / München 1953

Nicolai Hartmann / Ästhetik / München 1951

P.D. Ouspensky / Auf der Suche nach dem Wunderbaren / München 1978

Dionys Areopagita / Die Hierarchie der Engel / München 1957

Sri Aurobindo / Die Synthese des Yoga / Hinder 1972

Emanuel Swedenborg / Himmel und Hölle / Zürich 1977

Thomas von Aquino / Die menschliche Willensfreiheit / Düsseldorf 1954

Evelyn Underhill / Mystik / Bietigheim 1928

Alice Bailey / Gesamtwerk / Genf 1932

M. Fox, R. Sheldrake / Engel – die kosmische Intelligenz / München 1998

Therese von Avila / Der Weg zur Vollkommenheit

Therese von Avila / Die Seelenburg

Therese von Avila / Die innere Burg / Zürich 1979

Richard Rohr, Andreas Ebert / Das Enneagramm / München 1990

Jakob Lorber / Johannes – das große Evangelium / Bietigheim 1981

Augustinus / Gesamtwerk

Hildegard von Bingen / Der Mensch in der Verantwortung /
Otto Müller Verlag Salzburg 1965

Bonaventura / Soliloquium / Kösel Verlag Kempten 1958

Bernhard von Clairvaux / Das Buch von den Stufen der Demut und des Stolzes /
St. Benno Verlag Leipzig 1990

Edith Stein / Gesamtwerk

Fritjof Capra / Das Tao der Physik

Immanuel Kant / Praktische Vernunft

Roberto Assagioli / Psychosynthese und transpersonale Entwicklung /
Junfermann 1992

Rupert Sheldrake /Das schöpferische Universum –
die Theorie des morphogenetischen Feldes / Meyster 1983

C.G. Jung / Gesamtwerk

Hermes Trismegistos / Gesamtwerk

Baruch de Spinoza / Gesamtwerk

Girolamo Savanorola / Gesamtwerk

Plutarchos von Chaironeia / Gesamtwerk